林语堂

著

大城北京
Imperial Peking: Seven Centuries of China

CTS
湖南文艺出版社
HUNAN LITERATURE AND ART PUBLISHING HOUSE

博集天卷
CS-BOOKY

IMPERIAL PEKING: SEVEN CENTURIES OF CHINA by Lin Yutang
This edition arranged with Curtis Brown Group Ltd.
through Andrew Nurnberg Associates International Limited

著作权合同登记号：图字 18-2019-316

图书在版编目（CIP）数据

大城北京 / 林语堂著 . -- 长沙：湖南文艺出版社，2020.1
　ISBN 978-7-5404-9462-9

Ⅰ.①大… Ⅱ.①林… Ⅲ.①北京—地方史—史料
Ⅳ.① K291

中国版本图书馆 CIP 数据核字（2019）第 217877 号

上架建议：名家经典・文化

DACHENG BEIJING
大城北京

作　　者：林语堂
出 版 人：曾赛丰
责任编辑：薛　健　刘诗哲
监　　制：邢越超
策划编辑：王　维
特约编辑：王　屿
版权支持：辛　艳
营销支持：傅婷婷　文刀刀　周　茜
整体装帧：利　锐
内文排版：百朗文化
出　　版：湖南文艺出版社
　　　　　（长沙市雨花区东二环一段 508 号　邮编：410014）
网　　址：www.hnwy.net
印　　刷：三河市天润建兴印务有限公司
经　　销：新华书店
开　　本：880mm×1270mm　1/32
字　　数：129 千字
印　　张：6
版　　次：2020 年 1 月第 1 版
印　　次：2020 年 1 月第 1 次印刷
书　　号：ISBN 978-7-5404-9462-9
定　　价：46.00 元

若有质量问题，请致电质量监督电话：010-59096394
团购电话：010-59320018

目录

壹

老北京的精神

或许有一天，

基于零碎的认识，

人们认为那是一种生活方式。

那种方式属于整个世界，千年万代。

它是成熟的、异教的、欢乐的、强大的，

预示着对所有价值的重新估价——

是出自人类灵魂的一种独特创造。

在一九四九年中国共产党掌握中央政权之前，北京曾经是世界上最大的开放性的都城之一。它吸引着来自世界各地的人们。巴黎和北京被人们公认为世界上两个最美的城市，有些人认为北京比巴黎更美。几乎所有到过北京的人都会渐渐喜欢上它。它的难以抵御的魅力恰如其难以理解和描绘的奥秘。事实上所有古老的大城市都像宽厚的老祖母，她们向孩子们展示出一个让人难以探寻净尽的大世界，孩子们只是高高兴兴地在她们慈爱的怀抱里成长。像北京这样的城市，人们每年都在对其增进了解。在巴黎生活了十年后，只有那些勇敢之士才会宣称他们已经了解了那个城市。北京也是如此。这是一个有待探寻的城市，绝不是周游几日就能了解的。要真正了解它，非长住其中不可。民国初期，我见到许多来北京做十天半月游的欧洲人，结果却是决定在此定居。

　　每个城市都有其自身的个性。一位毫无个性的女士也可能很迷人，一个城市却不同。所有古老的城市都是经历若干世纪成长演变的产物。它们饱经战争的创伤，蕴含历史的积淀。它们是已逝的人们的梦想的见证。就像拿破仑和奥斯芒在巴黎留下了他们的痕迹，玛利亚·特利莎女王和弗朗茨·约瑟夫一世在维也纳记载着他们的历史一样，永乐、乾隆皇帝也将他们的历史载入了北京城的史册。特别是乾隆，在六十年的和平、繁荣统治期内，重建、缮饰、美化了每一个历史性建筑物，使北京成为富丽堂皇的城市。

然而，一个城市绝不是某个人的创造。多少代人通过自己的生活方式和创造成就给这个城市留下宝贵遗产，并把自己的性格融于整个城市。朝代兴替，江山易主，可北京老百姓的生活依然如故。十六世纪，宦官们在文武百官头上布下一片恐怖气氛。宦官魏忠贤尤其嚣张，他将自己的画像悬挂于全国各地，迫使人们向其鞠躬示敬。他还出资修缮西山碧云寺，以使自己在北京留些痕迹，但同样是匆匆过客，与别人并无二致。城市永在，而他们的人生岁月转瞬即逝。可见任何城市都要比一时主宰它的人伟大。

有三个重要因素，结合起来便赋予了北京独有的个性：自然、艺术，以及人们的生活。大自然提供了良好的自然环境；人类艺术体现于装饰北京的那些塔楼、宫殿；人们的生活方式、贫富状况、风俗习惯和节庆活动决定了城市生活是舒适、闲逸、富有朝气，还是充满了斤斤计较的、赚钱狂似的商贩们的喧嚣与粗俗。幸运的是北京的自然环境、艺术与人们的生活协调地结合在一起。北京的魅力不仅体现于金碧辉煌的皇朝宫殿，还体现于宁静得有时令人难以置信的乡村田园景象。就是从这样的城市中，人们既为它的艺术格调、建筑风格和节日风采而兴奋不已，同时也会享受到一种宁静的乡村生活。

我们将在此书中依次讨论以上三方面因素。北京的建筑为数众多，本书将用很大篇幅来做介绍，介绍其中的宫殿、寺庙和皇帝陵墓。可以说并不是埃菲尔铁塔代表了巴黎，而是蒙玛特区的咖啡馆生活和圣日耳曼林荫大道赋予巴黎以特殊的情调。北京同样如此，那些宫殿的确可以吸引游客，北京的真正魅力却在于普通百姓，在于街头巷尾的生活。人们永远也不会理解究竟是什么使北京的穷苦百姓如此乐天而自信，原来这是他们的天性使然。

对北京的第一印象是它的气候。冬季，天蓝得让人无法置信，阳光灿烂，却又干燥寒冷；夏季，雨水充足，凉爽。其次是鳞次栉比、蔚然壮观的建筑群。再其次就是在传统习俗影响下的北京人所独具的幽默感、耐性和彬彬有礼。天空澄澈，令人心旷神怡。殿阁错落，飞檐宇脊纵横。黄包车夫们滔滔不绝地说着笑话，幸灾乐祸地拿人开心。宽厚作为北京的品格，融于其建筑风格及北京人的性情之中。人们生活简朴，无奢求，易满足——大约在几百年前就是如此。这种朴素的品质源于北方人快乐的天性和粗犷的品格，快乐的天性又源于对生命所持的根本且较现实的认识，即生命是美好而又短暂的，人们应尽情享受它。现代商业活动的喧嚣吵嚷在北京却少为人知。在这种简朴的生活与朴素的思想的熏陶下，人们给精神以自由，创造出了伟大的艺术。

城市的自然特征主要取决于它的地理位置和气候，还有起着色作用的太阳光，起反射作用的天空以及我们周围的大气层。北京的气候似乎打定了主意要一成不变，通常它总是阳光明媚。冬季干燥，夏季湿润。雷雨在七八月份来临，要到十月初方可停歇；

只是春天的雷雨来得较迟。天气变化界线分明。雨一下起来，就相当急骤，天晴起来，又是万里无云。在北京，人们体会不到那熟悉的四月小雨的滋味。（"清明时节雨纷纷，路上行人欲断魂。"如这著名诗句所云。）一夜小雨过后，干燥的气候会使潮湿的地面很快地蒸干，树木又开始焕发精神，耀眼的绿装在清新的空气中更显明亮。玉泉山上的白塔在清朗的空气中清晰可见，似乎离我们更近了。

在北京，人们既得享碧蓝的天空，又不得不吸食尘土。俗话说：无风三寸土，雨天满地泥。北京的确如此，但这主要说的是人行道。宽阔的哈德门车马大街，宽达十五英尺左右，延伸在中央大道两旁。柏油马路没有尘土，在风天骑车经过总理衙门前铺好的柏油路时，你会明显地感觉到这种好处。此外，北京洛克菲勒医院的研究结果证明，由于北京有强烈的日光照射，尘土中细菌的百分比大大降低。太阳光将尘土晒至黯淡的深黄色和灰色。

一色黄灰的房屋墙壁，被寺庙赤褐色的古墙点缀着，地衣覆盖的屋脊呈黑色或灰蓝色，如此单一凝重的色彩只有在阳光灿烂的大晴天，才会闪烁夺目，显出特色。

一个城市即便尚未臻于完美，人们也依旧会喜欢它，还要留恋其旁的山峦、河流。即使人们很少去游览，有关那些

从哈德门大街观哈德门城楼

胜地的古老故事也会使整个城市生活充满活力。北京城距西山十至十五里，西山越向远处越显高峻，上有数百年的古庙，从汩汩山泉中流出的清澈溪水，一直流淌进城中的太液池。香山狩猎公园占地面积广大，以其白塔、古树和岩石而著名，据说是乾隆皇帝的猎鹿场所，其中还建有许多富家别墅。如今要到此处，从西直门乘车只需半小时。玉泉山上用白色大理石建成的白塔，在阳光下灿烂夺目。颐和园中的万寿山也总是遥遥相对，依稀可见。北京城内的小溪都源于西边山中，其中有一些虽污浊滞缓，玉泉山的泉水却清得令人难以置信，凉得让人无法入浴，在阳光的照耀下如玉石般翠绿晶莹，因而其山得名玉泉山。

站在西山卧佛寺或碧云寺，人们得以鸟瞰这一辉煌的城市。五里长厚重的灰墙清晰可见，若在晴天，远处门楼看起来如同灰色大斑点。惊人的大片绿色呈现于闪烁的金黄色殿脊间，那就是远处的太液池。

许多世纪以来，由于北京一直作为中国的首都，南北方人口都聚集于此。他们大多数为北方人，身材高大，精力充沛，体格健壮。没有南方人的那种懒惰样子，不似白脸的苏州小伙子和纤细腰肢的上海小姐。人群衣服的主要颜色似乎多是暗灰色和蓝色，随处可见着蓝装的人们，与那些身着长袍的蒙古人、西藏人形成鲜明的对比。他们头发修剪得干干净净，高大的身躯骑在弱小的毛驴或蒙古小马上，模样可笑。暗红褐色或黄色的喇嘛教徒的长袍也对比鲜明，颜色区分了该宗教的两个主要的派别。节假日和春天来临时，女人们，尤其是郊区的女人们，出门都穿上颜色鲜艳明快的服装，诸如红、紫、绿等色。

我们将用单独一章介绍北京人的生活。但在此先要简单聊聊作为北京特点之一的北方人的品质。他们基本上很保守，具有保守派所有的好、坏两方面特点。他们不愿意接受现代新观念，更偏爱千百年来在宗教信仰影响下形成的礼仪和行为准则，诸如长长的送葬队伍，古老的摇篮曲，男女间的相亲仪式，在院子里种石榴树。现代的、受过教育的中国人感到面对老北京人的准则，他们为之骄傲的价值观会受到骤然的抵制。再来看看旅居北京的外国人，他们迷恋北京的艺术，同时却对它幽默的谚语和风俗感到困惑。他们中有些人也过上北京式的生活，只是不要用庭院将正房与东厢房分开，电灯要明亮些，电话服务好一些。另一些人成了学者，学习汉语文字，钻研历史与古典文学。这些人被他们的同胞们称为"怪人"，是企图动摇公众对"白人声望"的信任的人。他们的妻子则发誓不愿意离开北京，也离不开那些待他们的孩子如同己出的保姆。

不论在哪个城市，对旅游者与居住者来说，真正要紧的是与之接触的人：家中的仆人，餐馆里的服务员，黄包车夫和出租车司机。他们可能偶尔会由于芝麻小事或无缘无故地找你的麻烦，但平时他们循规蹈矩，温和有礼，无偿地创造快乐的生活。黄包车夫们一路上总是说个不停，若是遇到一位能听懂的人，他们一路上会和你做一次漫长而愉快的谈话。他们更多时候是喜欢给予而不是接受他人的建议。北京的保姆多是温柔、朴素、极富自尊心的人。北京的服务员远近闻名，他们发明了既不失尊严，又周到热情地为顾客服务的秘诀。东兴楼的服务员，身着蓝色的礼服，胳膊上搭着条白毛巾，站立一旁几乎是喊着而不是说出对顾客的亲切问候，似乎你就是最伟大的人物，他尽最大努力将你服侍得舒舒服服的，用坦率的眼神望着你，用淳厚的语调与你谈话。他心里明白，你同他一样也在努力谋生，他却为自己的职业而骄傲。他们温和热情的天性为城市日常生活的运转添加了润滑油。当然还有些喜欢装腔作势、哗众取宠的狡诈政客和暴发户，但如果他们久居于此，甚至也会变得随和起来，并吸收城市古老生活方式中的朴素与庄重。北京就如同一位老妇人，教会人们如何去创造一种舒适、平和的生活。

什么东西最能体现老北京的精神？是它宏伟、辉煌的宫殿和古老寺庙吗？是它的大庭院和大公园吗？还是那些带着老年人独有的庄重天性站立在售货摊旁的卖花生的长胡子老人？人们不知道。人们也难以用语言去表达。它是许多世纪以来形成的不可名状的魅力。或许有一天，基于零碎的认识，人们认为那是一种生活方式。那种方式属于整个世界，千年万代。它是成熟的、异教的、欢快的、强大的，预示着对所有价值的重新估价——是出自人类灵魂的一种独特创造。

四季

风吹过园子里的松树和枣树，
夏季树叶轻柔的娑娑声变成秋日劲风的啸叫，
夏季已成记忆，炉边的蟋蟀叫个不停。
人们清扫门前院落，却无心扫净那枫叶，
留下几片落叶静静地躺在院子里。

任何城市的气候都在人们生活中起重要作用。有人说希腊的生活观念，甚至希腊散文的清新风格都是辽远开阔的爱琴海和地中海上明媚可人的阳光的反映。如果在寒冷的挪威，对裸体艺术的崇拜是令人不可想象的。在印度，森林中的智者获得聪明才智是由于气候如此炎热，唯一可做之事便是坐在阴凉处冥思苦想。法国温暖的气候为人们建造露天咖啡馆提供了可能性。这样的设施建于寒冷多雨的气候里是不太可能的。英国人需要用丰盛的早餐和午茶增强他们的御寒能力，去勇敢面对早晨的寒冷。为了逃避下午的大雾，也同样渴望红红的炉火和热茶。我相信寒冷的天气和厚围巾甚至对语音也有一定影响，像在英国，人们用围巾扎紧喉部肌肉，说话时几乎张不开嘴。北京方言中也有清纯敦厚的元音，听起来很悦耳。只是在人不觉寒冷时才会发出如此悠闲适度的韵律。

北京位于北纬四十度。就气候而言，对北京倒并无什么不良影响。处于同一地理位置的纽约、意大利南端、希腊北方及伊朗也是如此。北京冬季阳光明媚，夏季雨水充足，这种结合看起来非常理想。雷公自十月份离开北京整整一个冬季。湖面、池塘结了一层薄薄的冰，乡村的孩子们就穿着布鞋在冰面上滑来滑去，有时借助绑在脚上的干草溜冰。（据马可·波罗先生记载，忽必烈汗和他的王子们曾举行过溜冰游乐会。）气候干冷得刺骨，西山顶上可能会被雪覆盖，但这很少见。干燥、稀薄却明亮的太阳将地面的土照成明净的浅黄色。乡下的土被严寒冻得龟裂开来。

冬季里，西山的小羊长出了浓密的羊毛。人们逃进了挂着厚棉门帘的大门内，门帘上有木板加固以防寒风吹得它嘎嘎响。在酒馆里，蒸气与人们呼出的气体混杂在一起，七十度老白干的气味与芳香的洋葱、烤羊肉味混杂在一起。男人、女人们都明智地穿上了内附皮毛的长袍。羊皮非常便宜，甚至连黄包车夫也能买得起。衣服末襟附着一冬天的灰尘。老人们的斗篷，通常用布或丝绸制成，黑色或红色的头饰，系在头上，绕在脖子和肩上。穿着上一个最明显的习惯就是将裤脚用带子系起来，起到防尘和保暖作用。此外还有一种穿法，就是棉裤外穿上套裤。这套裤也是在脚踝处扎住，但是后面的裤腿上口被去掉，前面的裤腿系在腰上，这样既保暖又不妨碍腿的自由运动。

屋子里是用炭火盆取暖。燃烧的木炭放在厨房中，直到不冒烟了再放入铜盆里，盖上热灰。窗户用厚实、耐用、柔软的纸蒙住，可用来隔离冷风和热气。真正的御寒措施要数土炕。那是修在屋内的卧榻，通常是顺着屋子的长度而设的，能有七八英尺宽，和一般床的长度一样。这种炕用泥和砖筑成，生火和通风都在屋外，白天它的功用是代替座椅，晚上才用作床。不富裕的家庭，取暖设备很有限，冬天里可能全家人都挤在一个热炕头上睡觉。

通常人家用草席子铺地，富裕家庭却用豪华的厚地毯。人们在外衣内穿了几层内衣，晚上便不用换睡衣——当天气寒冷时会感到很方便。有些很穷的满族人睡觉时一丝不挂，以减少睡衣的磨损。

当屋外狂风呼啸，干燥的树枝被折断压在屋脊上，屋内却温暖舒适。夜幕降临，屋内一片平和的气氛。有寂静，也有喧嚣。胡同里开始慢慢有了动静。古时候，钟鼓楼传出的钟声充当着守夜人，这职能现已被城市雇用的守夜人所代替。他们走街串巷，用木槌击着梆子，午夜击三下，破晓时击五下。小巷里传来小贩们的叫卖声，轻柔、低沉，远远地拉着长腔。听说有些欧洲人认为这种叫卖声是对人们睡眠的最讨厌的干扰，另一些人则认为那是一种独特的、平静的、睡眠时不可或缺的声音。

无论冬夏，小贩的叫卖声都充斥着小巷。他们很注意街坊的安静，只是给他们的生活带来轻微的骚动。小贩们对家庭主妇来说作用匪浅。她们感谢小贩的服务，如果她们不愿意去市场，那就可以不去，因仍能从小贩那儿买到需要的东西，因为生意人会送货上门。卖鱼的上午十点左右到来，卖女人们日用小物品如针线、带子、孩子玩具的小贩们一天中随时都可能上门。另一种买卖就是走街串巷收瓶子换火柴的。这种小贩说不定何时来，只要他们一来，勤俭的主妇们就会准备好空瓶子，换取免费的火柴。这种小贩的到来并没有频繁到打扰小巷平静的程度，倒是给小巷带来了生机。

不同的街头小贩都能根据其不同的叫卖声识别出来。在炎热而令人倦怠的午后，大音叉的颤响告诉人们有人来给孩子理发了。理发师被请进院子里，如果妈妈愿意，她会自己提供水盆和毛巾。

铜盘的叮当声告诉人们卖酸梅汤的来了，那是一种用又酸又甜的野果制成的冷饮。

再没有什么能比夜里十一点听到用瓷勺敲碗的叮当声更令人高兴的了，那是小贩来卖浸糖水的小汤圆了。不管白天还是晚上都会听到小贩们叫卖甘美圆润的冻柿子的吆喝声，还有孩子们喜欢吃的冰糖葫芦，裹着糖的

永定门护城河石桥上的交通景象

小果，五六个串成一串，染上红色招徕顾客。有人在宋代的短篇小说中，即在上溯至十二世纪的作品中，便读到有关在居民区卖烤山鸡、烤鹌鹑的小贩的情形。汤圆、热面、冷饮都可作为夜间快餐——尤其是在电话尚不发达的情况下，这种巡回移动的餐馆是个不错的玩意儿，主妇们不必离开家门就可买到许多略显奢侈的食品。

这些商贩有一特别之处，就是他们用手捂住耳朵的样子。人们能想象到，若用手扣在嘴边，那拉着长腔又总是富有节奏的叫卖声会传得更远，但他们似乎也相信若用手扣在耳边，声音会更清晰——可能是他们自己听得更清晰吧。

春天来了。人们从市郊采回象征春天来临的桃花枝儿，坐着黄包车和四轮车路过西直门大街或哈德门大街。在城内有无数的寺庙、公园。人们或是去前门外古老的寺庙内赏丁香，或是去昭

孝寺观牡丹，或去更远的先农坛那边，在外城南门内饱览刚刚发芽的桑树叶。人们还可以去齐化门外的东岳庙祭拜司掌婚姻和长寿的各位神灵。前门外的天桥，是个大众娱乐场所，有拳师和卖艺人的表演，还有露天演戏，十分活跃。花市设在厂甸。庙会通年常在，主要是在东城的隆福寺和西城的护国寺，每月交替举行，在固定的日期，如一日、十一日、二十一日在一处举行，三日、十三日和二十三日便在另一处举行。

城外，在白云观附近的跑马场，有赛马跑道。再向远处，在万寿寺，人们可以在直通颐和园的水面泛舟。在西山游览至少要一天时间，因为要游玉泉山或卧佛寺，或更远一点的西山八大处。有春假的人们则要出城去游览明十三陵，或是居庸关一段的长城。

由于北京处于北纬区，春天很短，而秋天又与冬天连得很紧。不知不觉中，它由春天进入一年中最理想的季节——夏天。许多公园里都有茶馆，人们可以在古老的绿柏树下品茶，懒洋洋地躺在矮藤椅上，闲看周围的世界。每到星期日，中央公园里总是人群熙攘，但在平时，中央公园、先农坛里却是一片阴凉恬静。坐在露天的茶园中，附近是古墙和皇城门，花上两毛钱买碗面条，深谙悦人之道的小伙计在旁侍候，这些似乎展现了北京生活的精华。这也正像逛庙会，人们从中体味到一种宁静悠闲的气氛。悠闲，一种对过去的认识、对历史的评价，一种时间飞逝的感觉和对生活的超然看法油然而生。中国文学、艺术的精华可能就是这样产生的。这不是自然状态下的现实存在，而是一种人们头脑中幻化出的生活，它使现实的生活带上了一种梦幻般的性质。

秋天，在城南的大沼泽地里，经过整个夏季养得肥肥的野鸭，和躲藏在河边灌木丛中的苍鹭，开始了一年一次的南迁。公园和西山都泛着红、紫色。西山上红土与蓝天映衬混杂一起，产生了著名的西山紫坡景观，在更高、更远的山顶，山色渐渐变成暗紫色和灰色。秋天的颜色变幻无常，尤其是在干冷的北京。大自然提醒所有的造物储存起能量，消歇下来，迎接正在临近的冬天。住在北京的南方人看到鸟类南迁，就会引发思乡之情。

人们至少要每年一次做好准备，对付来自蒙古沙漠的大风沙，它不在五月便会在十月到来。届时天空阴暗，太阳看起来泛着黄色。尘土很像一层厚厚的云。它钻进人们的耳朵和鼻孔里，弄得满嘴沙砾。漂亮的女人坐在黄包车中，用美丽的丝巾蒙着脸，丝巾随风飘动着。家中的每件物品也都被盖上一层细尘土。不管门窗关得多紧，尘土都会钻入缝隙。大风沙要持续一两天，然后太阳才会重新露面。

很快便到了晚秋，名目繁多得无以复加的菊花在隆福寺和厂甸同时上市，正阳楼的螃蟹又肥又香。草木已变得枝叶干爽松脆，正像岁月在老人身上带来的变化一样。风吹过园子里的松树和枣树，夏季树叶轻柔的娑娑声变成秋日劲风的啸叫，夏季已成记忆，炉边的蟋蟀叫个不停。人们清扫门前院落，却无心扫净那枫叶，留下几片落叶静静地躺在院子里。

冬天再一次来临，循环往复又一年。举世闻名的北京白松像白色、瘦长的精灵矗立于山巅。裹着麻袋片的乞丐们在寒冷中颤抖着。

叁

城市

以审美的观点看，

整座城市给人雄伟之感，

但更多的是给人开阔与肃穆之感。

北京并不显出刻意追求。

它倾向于自然的延伸扩展。

这是由那些低矮的、宽阔的、

绵亘的殿堂的金色屋顶显示的一种效果。

从地理位置来说，北京地处中国版图的东北地带，从天津港乘火车要两小时，从北面长城乘火车要一小时。与长城的相邻表明了一个重要的历史事实，即中国的政治中心总是处于北方。中国文化的摇篮位于黄河河谷。中国三大朝代，周代（公元前一〇四六至前二五六）、汉代（公元前二〇六至公元二二〇）、唐代（公元六一八至九〇七）的首都都在西北，大抵位于当今陕西省的西安。北宋的首都在黄河边的开封。从十三世纪至今，虽短期中断，元（蒙古族，公元一二〇六至一三六八）、明（公元一三六八至一六四四）、清（满族，公元一六一六至一九一一）各代，北京一直是中国的首都。

　　从地理上说，中国有西部的西藏高原和西南部的喜马拉雅山作为屏障；东面和南面的海域也可保安全，直到十九世纪西方炮舰来到这片水域，才夺取了领海权。

　　从公元前二千年到现在，来自北方的威胁一直存在着。公元前八世纪，周王就受到猃狁和来自西北的戎部落骚扰，因而迁都洛阳。到公元前三世纪初，强大的燕国，即北京所在地，已经建起了很长一段用来防御蛮族部落进攻的长城。公元前三世纪，强大的燕国是最后一批被秦始皇消灭的诸侯国之一。嗣后秦始皇统一了中国，并于公元前二一〇年前后修毕长城，以防御北方之敌的入侵。

鸟瞰城市的最佳方法也许就是从宫殿后面煤山上的亭子里向下看。此处是这一带的最高点，离北城墙很近，能对整个城市一览无余。向下望去，皇城的绮靡光彩和壮丽辉煌展现于眼前。城市沿中轴线对称的规划设计很独特，其中有如宝石那样的城中城，金碧辉煌的屋顶衬托在各大园林的葱郁繁茂的绿荫当中。城墙上有城头堡和灰色的胸墙，二点五英里以外的内城门楼高大雄伟，耸入云霄，五英里外的外城郭门楼更像幻影一样消失在云中。天气晴朗时，可以看见远处的外城城墙。外城，方言称之为"帽子城"，因为从东到西，它比内城稍宽些，正好像帽子一样扣在内城上。内城大约有三英里长，三英里半宽，内外城连接成五十四华里或大约十八英里的圆周。城墙总长四十二英里。

内城西墙南段外侧

站在煤山望去，北京宏伟对称的布局和清晰的轮廓线十分引人注目，与耀眼的颜色正相配合。最先映入眼帘的是紫禁城大片的闪烁耀眼的屋顶，被衬出皇城轮廓的带雉堞的方形粉墙围绕着。左面最醒目的是东北角宏大的塔楼，冠以金黄和翠绿叠映的飞檐，倒映在绕皇城流淌的护城河里。大片耀眼的金黄色与环绕四周的葱绿树木形成鲜明对比，西苑那片葱郁茂密的树林则使皇城西部轮廓模糊不清。从这片葱郁中可见到北海的白塔。右面，西山紫坡的寺庙，新鲜的泉水是人们逃避城市尘烟的好去处。北面，是一片嫩绿的柳树遮掩着的什刹海湖水，再向远处便是御花园。

煤山本身便是蓝绿用色的艺术典范。在此人工山丘上均匀分布着五个高三百英尺的亭台。中心的亭台处于最高点，其他四个围绕在它下面。它们是亭台建筑中精美的范例，各呈金色、淡紫色、绿色和蓝色。中央那座亭子呈四方形，有三重檐。另有两座分布其左右较低处，双层，呈六角形，最低处的两座呈圆形。据说忽必烈汗不管多大的树，他都用大象来运送。用这种方法，他得到了世界上最美的树木。他命人将整个山丘铺满绿色，不仅仅树是绿的，山里没有一种东西不是绿色的，由此称之为绿山。实际上这是个很美的名字。山顶还有一个大殿，大殿内外都呈绿色。山丘、树木、宫殿构成了一组迷人的景色，色彩之组合极为神奇！任何人看到这些都会感到心旷神怡。大汗建了这样一处迷人景致，获取内心的舒坦、安慰和愉悦。就是在这样一个美丽的地方，明代最后一位皇帝——崇祯，一六四四年吊死于一棵皂荚树下。

北京被划分为内城和外城。西方图书通常将它们分别称为"鞑靼城"和"中国城"。这些称呼不很恰当，中国的历史记载只是称之为内城和外城。固然在清朝初期，许多人被划为"八旗"，就是那些征服中原的武士们的后裔，但许多世纪以来，内城的汉族人比少数民族人要多。清代皇帝认为在皇城内住满了具有皇族地位的满族后裔，是件明智的事，于是按照八旗的颜色将内城划分给他们。但是实践证明这项军事计划是不实际的，八旗子弟不能布满整个城市，他们还需要汉族商人们的商业活动。"鞑靼城"这个词儿，大概源自马可·波罗。他经常使用此词，有时毫无歧视地用于北京居民身上。总的来看，后来满族沿用了汉族的习俗，说一口很标准的北京话，并且有些人起了汉族名字，也不愿让别人知道自己是满族。当然，他们也对自己被称为"鞑靼"感到不满。在汉语里，"鞑靼"这个词儿的意思是化外之民。通常人们用汉话称满族人为"旗人"。

虽然没有准确的统计数字可稽，但内城的汉族人口无疑多过满族。在外城，亦即在前门外，有一闹市区，其中有小旅店、古老的寺庙、卖灯笼和帽子的商业街，还有一些有名的餐馆、大众娱乐场所、红灯区八大胡同，但是更多的商人们是在内城活动。当我们谈到北京城时，指的就是这里。

在元代，"鞑靼城"这个词儿也许用起来还较合适，因为忽必烈汗命令鞑靼人全都住在离城墙一英里之内的地方。同时他使金首都"汗八里"（意即"大都"）中的居民移居到这座新城市。马可·波罗曾形象地描写了当时市郊的景象：

　　你应该知道，"汗八里"城的城墙内外有众多的房屋，聚居着大量的人口，其居住的密集达到空前的程度。在每一城门外都有一片城郊，总共有十二处。这些城郊面积广大，所拥有的居民比城内还多。〔城门外的城郊宽度延展至与相邻的城郊接壤，深度大约达三四英里。〕那些城郊的小房子里寄宿着外地的商人和旅客，其中总有一大部分人是来给国王进贡的，也有来朝廷卖东西的，或由于该城是个非常好的市场，吸引了许多生意人。〔每一城郊内，离城市一英里处，都有许多很好的旅馆供来自世界各地的人住宿。不同种类人住各自不同的旅馆。比如有供伦巴底人住的，也有专供德国人和法国人住的。〕即便不包括那些不计其数的属于大地主和贵族的房宅，在城外也同样有许多和城内一样好的房子。

此外，所有官妓都寄居于城郊，城内却没有。令人震惊的是有许多官妓是专供外国人享用的；事实上有两万以上的官妓是靠卖身为生的。如此之多的人以这种方式生存表明了京城人口的众多。……

在这个城市中，有许多高价稀有的货物，品种繁多，货源充足，是世界上任何城市所无法比拟的。……

我还要告诉你们一个例子，在一年中没有一天不从城外地区向城内运送近一千车的丝绸。这些丝绸又会变作大量的华衣美服、金银珠宝和其他物品。这并不使人感到奇怪。由于周边地区不产亚麻，所以每样穿着之物都是由丝绸制成。事实上，在国内一些地方的确生产棉花和亚麻，但是供不应求。然而，重要的原因并不在此，是由于丝绸很充足且便宜，因而比亚麻、棉花要有用得多。

元代京城比现在要大（见附录Ⅰ）。从煤山望去，古老的蒙古壁垒犹如一条断续的泥土岗绵延达五里远（不到两英里），向北直至今日的城墙之外。但是城中城的规划，以及宫殿和总体设计基本上都无根本变化。总之，今日城市的砖墙还如同公元一四一七至一四二〇年明代永乐皇帝重建时那样。规划基本上与中国古都西安一样。古时候，皇帝总是坐北面南，人们向北朝拜。这一法规像伊斯兰教面向圣地朝拜的教规一样严格地沿袭下来。

传统和占星术也影响着皇城人的观念。今日人们可以看到天坛在南，地坛在北；在东门外有日坛，西门外有月坛。城中央是极禁城（极禁城常被误说成紫禁城），它的名字是指苍穹绕之运行的北极星。紫禁城代表着龙廷的权力。这一观念渐趋完备，其象征意义也在朝臣中得到严格信守，因为他们相信星宿的作用是巨大而永恒的。

城市的基本规划，主要街道是南北或东西走向。北京人不可能迷路，因为黄包车夫们提醒身后坐车的人，不是用汉语说的"左转""右转"，而是"往东""往西"。人们很难忘记三英里长的如同箭杆一样笔直的南北走向的哈德门大街，它南端紧靠八十英尺高的哈德门门楼，另一端直至安定门门楼，中轴线清晰，而绝不含混。它穿过整个城市，起于前门，向前通过中华门、天安门及各个中央大门和宫殿，到钟鼓楼而止。

这种庄严的设计构想很大程度上源于对空间的自由运用。天安门大街为东西走向，至少有一百五十英尺宽，前面就是紫禁城。哈德门大街至少也有七十英尺宽。以审美的观点看，整座城市给人雄伟之感，但更多的是给人开阔与肃穆之感。北京并不显出刻意追求。它倾向于自然的延伸扩展。这是由那些低矮的、宽阔的、绵亘的殿堂的金色屋顶显示的一种效果。这种法规一直延续到现代。普通居民若拥有一层以上的房舍便属不合法规。这种观念的根据是，任何臣民都不应该把头抬得高过皇宫，或高得能窥视邻人的私宅。这样一来，便再也没有什么能妨碍人们仰望天空了。

这种棋盘式格局和开阔空间也是忽必烈时代都城的特色。正像马可·波罗描述的那样：

街道如此笔直宽阔，以至于可以一眼望到头，从这个门望到另一个门。城里遍布美丽的殿堂，有许多精美的馆舍和精心营造的房子。〔城市所有房屋建设用地都是方形，并用直线布置。所有的用地都被宽敞宏大的宫殿，及与其规模相称的庭院花园所占用。这些建筑用地被分配给不同的家族首脑。每块方形用地都环绕着美丽的街道，便于交通。这样整个城市就布满了方形，像一个大棋盘，用如此严整高妙的方式加以布置，竟然使人们无法对之做出恰切的描述。〕

古城的中心，包括宾馆、餐馆，和以卖帽子、毛皮、灯笼著称的店铺、旧书摊，都设于外城，紧靠前门外。东城（内城）现在是富豪私邸、重要的政府机构、银行和医院的所在地。内城的西南角，延伸至外城西部，是最古老的部分，有许多古庙和远至七到十三世纪的宝塔。一些名胜古迹，像白云观和天宁寺等，就坐落在西城墙外的西便门附近。一些相对来说不很著名的、游客稀少的地方，在历史上却很重要。例如，西门附近的白塔，是保存最完好的重要寺庙，每年二月十五日，忽必烈汗本人都要率众前来拜佛。这地方还保留了许多满族亲王的私家园林。研究文学巨著《红楼梦》的一位专家认为，小说中描写的中国神话般的家族园林，就坐落于北京城西北角。东城有许多富裕家族的房子和公寓，隐匿在离哈德门主大街较远的僻静胡同中。

北京这一古老的大都市，向各个方向伸出了四通八达的道路。向西南方向是距京约十二英里的马可·波罗桥（卢沟桥），它横跨浑河或桑干河。这里自古便是兵家必争之地，是许多次攻取北京战役的古战场。一九三七年抗日战争的炮火就是在此处打响，那也是发生于此地的最后一场战争。浑河从西部山上流下，汇入污浊的流水，流过城市南部。在这个方向集结了所有铁路线，南通汉口，东达天津。

向东约十三英里便是通州，与之相邻的张家坟镇是七百英里长、连接北京和长江下游之汉口的大运河的终端。早在公元六〇八年，隋炀帝便征召一百万民工，开凿这条大运河。三年后，在空前奢华的盛大仪仗簇拥下，他经由大运河游览了当时称为涿州的北京。这位皇帝因其奢侈无度而闻名，他的皇家游船，要由七八十名宫女组成的三支队伍拉纤，每队宫女都身着不同颜色的服装。读读一八六〇年麦卡尼爵士乘"大使船"来访北京的记载是颇有趣味的，行至通州时，船被托起后越过大运河的船闸。从照片上看，船被控制在西岸绞盘上的绳子高高提起。在天津至浦口铁路建成前，中国的官员及其家人来北京，常常乘船经大运河在通州下船，从东门进北京。大运河是世界上最长的运河，如同卢沟桥是中国东部最重要的陆路，它是中国自南向北最重要的水路。

西面的城门过去常被看作通往城西郊的道路起点。它是最古

安定门箭楼及护城河

老且未被损坏的城门，最接近门楼的地方仍保留着古代城门的特点，从门庭到城郊有街道、市场相连。自从在城西北角的西直门修建了开阔的石路后，去西山脚的颐和园便有了通衢，西门就此失去了它的重要性。

向北越过安定门外的地坛，道路经过顺义县到达长城的古北口，直通热河和满洲。在北墙的西侧，德胜门向北三十里，经过昌平县，由那儿可直接通往明代皇陵，稍往西去，就是著名的通往长城的居庸关。它与内蒙古的白音察干相连，又与邻近的山西省大同石窟地区相连。

西郊是个很大的娱乐场所。那里有一八九四年由慈禧太后敕建的颐和园。旧颐和园（圆明园，是康熙大帝和乾隆皇帝的住所之一，一八六〇年被英法联军烧毁），还有其他豪族私邸。西南角的丰台区，因鲜花而闻名。这一地区有广阔的低地，明代永乐皇帝把它与外界隔开，辟为私人猎场。东南角有运送士兵的重要运河水系，史籍载有来自北方的战船曾路经于此。广阔的水库位于城市西北角。当明代皇帝建京城时，水库被分为两半，一半在今天城墙的外部，另一半就是积水潭，在德胜门内。这里建有淳亲王和其他满族皇戚的住所。从水库流出的河流、池塘使城市的整个西北角比城市其他地方更富乡村景色。这些河水又流经三大湖区，从什刹海（前、中、后海），经太液池，然后成为横穿故宫前太和门的金水河，河水的流向总是从西北向东南。它始于玉泉，在西北角分为两支，流进绕城的壕沟，一支向东部、南部流去；另一支沿西城墙流去，接着它又沿南城墙向东拐，在东便门附近两支流汇合一处，流向通州的大通河。

这里应特别说说什刹海，因其位于城市的西北部，景色淳雅，给人以身处乡村的印象。那绿树和覆满荷花的湖面，还有栽满柳树的堤岸令人目不暇接。这是夏天里人们最难得的消夏场所。午后黄昏，年轻的大学生和女孩儿们流连于林荫之下，喝着酸梅汤，那是一种用野果子制成的美味冷饮，沿堤岸处处可以听到卖这种果汁的小贩们敲铜盘发出的有节奏的叮当声。每到夜晚，便有冒着缕缕黑烟的油灯照着路旁一群群的小贩和闲逛的人们。

古老的辉煌

北京，

似乎是个永不衰老的城市。

当此时刻，

所有西方文明的记忆都似乎

从脑海中消失了，

只有古代的梦化作真实的北京，

在眼前迤逦展现。

北京之成为中国的都城，相当于诺曼底人征服英格兰的时代。它不仅是对古老辉煌的记忆，还是建设它的人们丰功伟绩的一个活生生的见证。几英里长的灰色城墙，上面有很多堡垒和垛口，给人以雄浑古远的感觉——似乎有些不合时宜。除了东京的皇宫，世界上再没有其他宫殿会如此引人注目，并唤起人们对东方古老荣耀和权力的幻想。当从天津来的火车驶近京城，斜下里向着城墙行进时，便有连绵不断的城堡、炮塔、壕堑，以及八十英尺高的门楼从眼前飞快掠过，景象之壮丽令人难以忘怀，惊异不已。北京，似乎是个永不衰老的城市。当此时刻，所有西方文明的记忆都似乎从脑海中消失了，只有古代的梦化作真实的北京，在眼前迤逦展现。

　　这里勾起了多少历史场面啊——十二世纪初，北宋的钦、徽二帝被金国女真人首领活捉至此；成吉思汗的战将曾从西、北两翼攻拔城墙；大约五十年后，他的孙子忽必烈在现址上又建起了大都（汗八里），使它成为疆域远至黑海的大帝国的首都。在东门，第一位明朝皇帝的士兵们在主帅徐达率领下，冲过横跨护城

西直门南侧全景

壕的攻城桥，攀上东门城墙，赶走了最后一个蒙古统治者。那位大元末帝带上嫔妃，从祖先修建的西苑中仓皇逃去。

这些事发生时，北京早已与历史有着密切的联系。根据传说，早在公元前二十三世纪末期，舜帝（公元前二二五五至前二二〇六）便曾将损害他的四位犯过之臣流放到幽州。古代地理志认为幽州在今昌平西北三十八里或约十二英里处，即属直达长城外的居庸关地区之内。

在周代初期，大约公元前一一二二年，据说周武王将黄帝的子孙移居此地。大约离今日西北城门外一英里处，有一皇亭，里面有乾隆皇帝的题字。那儿便是古燕国的都城蓟城的一座城门所在地。从公元前二世纪始，经历了各种反叛和动乱，这一地区在很长的一段历史时期，作为侯国，为燕国诸侯所有。至今北京还有个历史悠久的名字，叫燕京（燕都）。明代这一地区是一个大公园，到处是古木，现在却荡然无存了。

在公元四、五、六世纪，中国的整个北方被五个胡人部落占领。胡人渐渐定居下来，并与汉人通婚，给古老的汉民族带来了新鲜血液。较富有的汉人家族都南迁了，在南京附近形成了一个讲究艺术，讲究儒雅生活和审美品评的中心。

就是在北京，自称为燕国国王，具有鞑靼血统的安禄山在八世纪掀起反唐的叛乱，企图虏获死时悲惨、死前奢侈的杨贵妃。他迫使唐明皇逃到了四川。安史之乱过后，唐朝再也没有恢复其实力。

在唐朝衰落后，辽人（契丹部落）在公元九三六至九三七年占领了北京，并称之为"南京"，以区别于远在辽东的北都。他们一直控制着这座城市，但到了公元一一二二年，与满族有血缘关系的另一北方部落女真族占领了北京，并将其归还给宋朝。三年过后，女真族又推翻了北宋，迫使它在南方的杭州建起陪都。在整个南宋时期，中国北方一直被女真族的金国占领。就此说来，在辽和金的统治下，北京成了国都。

在一二一一至一二一五年，在成吉思汗率领下，蒙古人经多次进攻，终于从金人手中夺取了北京城，同时成吉思汗为征服世界，继续挥师向里海和黑海进攻。一二三四年，即成吉思汗死后七年，金国灭亡了。然而，内蒙古和远东境内的战争和骚乱直至一二六〇年忽必烈登基才告平息。在金王朝统治下，北京已经成为雄大而繁荣的都市。一二七一年，忽必烈不等征服中国其余领土就定立北京为首都。

这样，北京在不同的世纪都拥有其不同的名字。其中一些至今还保留在文献作品中。

十世纪前——燕京；蓟城；又叫幽州。

辽——燕京；后称南京。

金——中都。

元——大都或汗八里。

明——北平。

一四〇三年（续明代）后——北京。

不同的时期，城市的规模、地域不同。人们做了大量的研究，并汇集了许多事实，尤其在一本叫《日下旧闻》的著作中，写出了北京历史上的变迁。

这本书是大学者、清康熙帝的朋友朱彝尊（公元一六二九至一七〇九）所著。这本著作甚为时人所重，故乾隆皇帝曾指定一些编辑人员进行修订，尽可能地增写了原作者可能忽略的材料。

许多西方学者也投身于对北京历史的研究。他们当中有哈辛斯·比却林神父和奥斯伍尔德·喜仁龙博士。布莱契奈德的工作为欧洲学者们提供了基本的材料，他充分、准确地占有关于中国的原始资料，绘制出了准确的古迹位置图。遗憾的是，伐维尔神父关于金都城的位置所做的结论是难以成立的，但给历来的学者带来不小影响。他的地图在朱丽叶的《北京》、阿灵顿和路易森的《老北京探故》、茅里斯·法博利的《北京》中都有复制。现在是纠正他的错误的时候了。

蓟城的规模尚不能确定。没有明显的迹象表明今日都城的东墙、西墙与元代都城的东墙、西墙有何不同。蒙古都城南面的准确界线也产生了一些问题。尽管永乐皇帝确实正式改换了城门名字，人们仍用元代时的名字称呼它们。尤其是人们熟知的哈德门，该名可追溯到元代，该门因靠近哈德亲王的私人园林而得名。金都城的外部边界也难以准确地断定。不过金代的宫殿并不是建在

伐维尔所想的位置。（见附录Ⅲ）

　　一般来说，现在的城市大约始建于一二七〇年，由忽必烈汗下令修建。大约一百年后，在一三六八年，明灭了元，明代皇帝将京城做了大规模的扩充和改建。十五世纪上半叶，在永乐皇帝统治下北京城达到了它的鼎盛期。就像女真人从被占领的汉人都城雇用汉族建筑师并按汉人都城设计修建自己的宫殿那样，永乐皇帝也以（南京）金陵城为模式重建他的宫殿、寺庙和住所，只是规模更宏伟，形制更壮丽。后代帝王曾继续巩固、改进城市，一五五三年嘉靖皇帝增建了外城城墙，留存至今。

　　京城的修建和改进一直持续到一五六四年（见附录Ⅰ）。又过八十年后，明代最后一位皇帝自缢身亡，满族人接管了政权。满族皇帝康熙和乾隆没有改变宫殿和城市本身的格局，而是致力于美化和修缮城市中及与之相邻的西山的一些宫殿和寺庙。

　　在城市西南角外，在邻近赛马场的白云观附近，是建于十至十一世纪的连绵的土堡垒。更远处，距现在外城西南角八华里（三华里大约等于一英里）之遥处，是金都的包括西南角一部分在内的延展堡垒。它的建成可上溯至十二世纪。这些乃是北京故址的最早的遗迹，它们比内城墙外北城的蒙古堡垒还要古老。（见附录Ⅲ）

　　大量事实证明，由唐至宋（七至十三世纪）期间，首都位于现在内城的外部，即在内城的西南角外。它包括外城西部的一块狭长地带。若将金都城的行宫除外，它与内城是分离的。

　　忽必烈汗在金都城的东南建起了他的城市。关于古今京城间的距离人们各执一端。官方编定的《蒙古史》认为是三里，奥德里克认为是半英里，波斯地理学家雷契德·艾丁认为两城相邻，马可·波罗则认为它们是"由一条河分隔开的"。

这条河就是今天的三里河，从西面流进环绕内城西南角的护城壕。在古代历史中，它是以辽代萧太后所修运河而著称的。萧太后是个著名的女人，因其刚烈性格而闻名于世。自七世纪始，大运河通到了北京以东大约十三英里的通州，萧太后遂使这条河与流向通州东部的大通河相连。在十二世纪初期，来自北方金人部落的压力威胁着北京的辽和开封的宋。在北部金人的威胁下，萧太后与宋廷订立了协议。一一一二年，她手下一位姓郭的汉族将领率领八千士兵，战败后投靠了汉廷。十月，汉族军队在辽都西南十英里处，即今日的马可·波罗桥建立了据点。深夜，郭将军带领士兵悄悄地渡河，每位士兵都以嘴衔枚，屏住呼吸，无一人发出声响。

翌日清晨，五千名士兵与农民混杂在一起，伪装成农民进了南城门，向悯忠寺（今法源寺）进攻，要求萧太后投降。太后拒绝投降，激战一直持续到深夜。最后太后的援兵到达，郭将军只带着几百名士兵跳过城墙逃跑。宋对辽军的偷袭被击退了。

与此同时，金将阿骨打在居庸关北部山脉按兵不动。当他听说宋已战败，便向北京平原展开突袭。著名的萧太后逃走了，城市沦陷。从此辽便走向了灭亡。[①]

---

① 编者注：此处林语堂所指萧太后实际并非同一人。辽代修运河之萧太后于一〇〇九年驾崩，宋对辽军偷袭时的"萧太后"或应为天祚帝的德妃萧氏。

在一一一三年至一一一五年间，金将城市归还宋。宋朝一直把北京称为区域城市，即众所周知的"燕山府"。一一一五年，金正式建国，十一年后他们占领了宋都开封。宋徽宗和他的儿子被俘，被押至北方。入侵者劫掠了开封城的珍宝，又掳走汉人建筑师去重建和美化北京城。

在金的统治下，北京被称为"中都"。作为中国北方的首都，它的规模和重要性都得到了迅猛发展。

它已增建一道外墙，总计七十五里长，大约合二十三英里。位于现今城市的西南部。

皇亲贵戚在城内和城郊都占有漂亮的住所。尤其美丽的是现今皇城内的北海，金朝历代诸侯皆把它作为避暑胜地。那里称为琼华岛。金章宗完颜璟的聪明美貌的李贵妃的内室即坐落于此。她看到了皇室的兴衰，谈及皇室珍宝时曾说："拥有者不必是它们的守护者，守护者不必是它们的拥有者。"

《海陵纪》中说："燕城内大部分面积被紫禁城占去，那儿几乎没有平民百姓的居所。金碧辉煌的宫阙、蜿蜒曲折的城墙广布四方，高入云端，与秦朝的阿房宫、汉代的建章宫相比，毫不逊色。我因公务去燕山那天，曾被皇帝召见，看到了他的禁卫军的威武庄严。他的皇冠上嵌着七种珠宝。西厢有两个十英尺高的狮子。金主完颜亮（也就是海陵王），面色黧黑，长长的胡须，眼睛向下俯视。我在崇元殿亲眼见到了他。"

在金将南宋列入纳贡臣国期间，南宋使臣常定期来中都为皇上的生日或其他国家盛典敬献贺礼。有许多当日的记载留传至今，它们记载了金代宫廷的宏伟庄严。范成大（公元一一二六至一一九三）这位高级官员和出色的旅行家，为我们提供了对金代宫廷的个人印象。他写道：

> 有顷，入宣明门，即常朝后殿门也。门内庭中列卫士二百许人，贴金双凤幞头，团花红锦衫，散手立。入仁政门，盖隔门也。至仁政殿下，大花毡可半庭，中团双凤，两旁各有朵殿。朵殿之上两高楼，曰东西上合门。两旁悉有帘幕，中有甲士。东西两御廊，循檐各列甲士。
>
> 东立者，红茸甲，金缠杆枪，黄旗画青龙；西立者，碧茸甲，金缠杆枪，白旗画黄（一作青）龙。直至殿下皆然。惟立于门下，皂袍持弓矢。殿西阶杂立仪物幢节之属，如道士醮坛威仪之类。使人由殿下东行上东阶，却转南，由露台北行入殿。
>
> 金主幞头，红袍玉带，坐七宝榻。背有龙水大屏风，四壁帘幕，皆红绣龙，拱斗皆有绣衣。两槛间各有大出香金狮蛮地铺，礼佛毯可一殿。两旁玉带金鱼，或金带者十四五人，相对列立。
>
> 遥望前后殿屋，崛起处甚多，制度不经，工巧无遗力，所谓穷奢极侈者。炀王亮始营此都，规模多出于孔彦舟。役民夫八十万，兵夫四十万，作治数年，死者不可胜计。

金被天下最强有力的北方入侵者蒙古所灭。成吉思汗只统治乌兰巴托以西，至喀喇昆仑山一带，忽必烈却在多伦附近的上都登上皇位，直接越过长城，离北京很近。他决定在大金都城的基础上建立新的首都。富足的中国南方帝国，它的文化及文明，对有才能的人是个不可抵抗的诱惑。它与蒙古的荒野、土耳其斯坦、帕米尔高原和贫瘠的西藏形成了鲜明的对比。汉人的文静极大地吸引了忽必烈，他企图建立一个和平的帝国。他禁不住要赞叹那建于公元前三世纪的一千八百英里长的长城；赞叹公元六百年建成的连接北京和杭州的大运河。尽管他从祖父成吉思汗手中继承下来的庞大帝国已濒于分裂，但蒙古军队的力量甚至在成吉思汗死后，仍十分强大，使得征服战争一直扩展至黑海和喀尔巴阡山脉，将其所到之处，皆变成了废墟。例如，当马可·波罗决定返回威尼斯时，忽必烈的侄亲中便有一位做了波斯的国王。忽必烈是个头脑较开化的人，对他所知道的中国文化及习俗很感兴趣。相比之下长城之外的上都就既遥远，又不便用来召见来自整个亚洲大陆的使者们。他虽仍旧热衷于蒙古游牧部落的游牧生活，帐篷和马奶（他在北京的皇廷内种了些蒙古草原上的植物），但还是在一二六四至一二六七年间着手重建北京。一二七二年他为它定名为大都（马可·波罗所称的汗八里，汉语的意思是"大都"，即汗王之城）。他仍在上都度过春、夏两季，当沙漠的草枯萎时，他才回到北京过冬。

　　早在忽必烈童年时，他的祖父就很赏识他的才智，告诉他的臣民们注意听取他的话。他有着"日渐发达的肌肉"和"外形优美的肢体"，身体强悍，"不高不矮，身高适中"。马可·波罗曾记载过："他的肤色白里透红，眼睛乌黑明亮，鼻子笔直美观。他有四位妻子，保留着她们作为他合法的永久妻子的地位；她们每人都有自己的庭院，面积广大；她们都有不少于三百名的美丽迷人的侍女。她们还有侍从和太监，及其他男女仆役；这样算来，每位皇后的庭院内至少得有一万人为她效劳。"

马可·波罗为我们留下了一幅他所亲历过的辉煌壮丽的画卷。毫无疑问，他非常欣赏忽必烈这位向往愉快生活的开明人物。马可·波罗很年轻（他来华时是二十一岁），他机警、快乐，继承了马可这一商人家族的精明劲儿。他说："要知道，它是历史上最大的宫殿。""殿堂大得可以容纳六千人；当你看到它拥有那么多的房屋，你一定会感到惊异。这一建筑是如此宏大、如此丰富，又如此美丽，世界上再没有人能设计出比它更完美的建筑了。屋顶外面也是五彩缤纷，朱红、黄、绿、蓝等各种各样的颜色，与彩釉精妙地融合在一起，玲珑光灿如同水晶，使整个宫苑罩在一片金辉之中。"

在可汗的庞大宴饮厅内，女人们围坐在男子身边。这是一种非中国式的聚餐习俗。马可·波罗对这一场面的描写尤其令人着迷：

不论大汗坐在哪一殿堂之上，总是依照一定的惯例。他的桌子安放得比别人的高出一大截，他坐的位置是在大厅的北端，面孔朝南，他的正妻坐在左首。右侧坐着他的儿子和侄儿们，在座的也有其他皇族成员，这些人只是坐得更低，低到他们的头与皇帝的脚处于同一水平线上。其他一些王侯们坐在更低一些的桌子旁。皇上的侄儿们的夫人和其他一些女眷坐在皇上右侧较低的桌旁，再下面的便是王侯武士们的女眷，每人都坐在皇上为他们指定的位置。这样设置桌子，是为了皇上能够看到所有的在座者，看到每个人……

在殿堂内大汗的座席近旁，有一只工艺精湛的大方形柜，柜的每边有三步长，柜上精心雕刻着动物图案，并镀了金。这中空的柜里，置有一只纯金大容器，和普通大酒桶容量相当。大容器的每个角有一个小型的桶，用昂贵的调料调出的葡萄酒和饮料从大容器中注入小桶……这些大容器和小桶都是无价之宝。实际上，大汗有许多种这样形状不一的金银器具，人们过去从未见识过，也没听说过，简直令人难以置信。

在大殿的门两侧（实际是在所有皇上出入的场合），站立着一对巨人般高大的男人，都手持长杖。他们的职责就是看管进门的人不可脚踩门槛，如果有人违背，那人就要被剥去衣服，只有用钱物才能将衣服赎回去；如果不剥衣服，那人就要挨上几棍子……

持棍侍卫的嘴和鼻子是用精致的金色丝巾蒙住的，以免他们呼出的气味玷污呈献给皇上的盘子和酒杯。当皇上举杯畅饮时，他的拥有各种乐器的大乐队便开始演奏；当皇上端起酒杯时，所有的大臣和其他随从都得下跪，鞠躬致敬，然后皇上饮下这杯酒。每当他这样做时，整个仪式就要重复一遍……

大家还应知道，在文武官员入宴的场合，他们的夫人们也同其他女人一道作陪。宴罢撤席之后便有一群擅长各类精彩技艺的耍戏法的艺人走进来，在皇上和侍卫随从们面前表演献艺，造成一派欢歌笑语的喜庆气氛，每个人都得到尽情的愉悦。

萧洵对皇室曾做了最清晰的描绘。他的极有价值的著作《故宫遗录》对元宫逐层加以描写。在洪武皇帝赶走了蒙古人，执掌政权初期，萧洵任明朝工部郎中，并被委为高官来研究这些宫殿。

依萧洵的叙述，大明殿是皇帝御殿，用来举行加冕礼、新年庆典、生日庆典。它有十一间（一种房屋计量单位），二百英尺宽，一百二十英尺深，九十英尺高。周围走廊七间，两侧各有五间房间。后面与香阁连接，柱底是椒蓝色，上部的雪花石膏门廊顶和周围的栅栏用细石砌成。地面铺双层地毯。红柱子上敷着金色，上面雕刻有龙的图案。每边墙壁都有红色的雕花窗子，窗的周边用金属镶嵌。屋顶也敷了金，并经过装饰。两侧阶梯用大理石造成，红色的阶梯扶栏支柱也是涂金的。在一只青铜制的飞鹰下面，是设计有流云和飞龙的七珠宝座。宝座有白色罩面和金色布垫。

作者在书中叙述了一个重要事实，即在蒙古人统治期，大殿上总是为皇后设置一个座位。

这里没有必要详尽介绍后宫、图书馆、古寺庙，元大都内设置的娱乐场所，所有这些都在十四世纪陶宗仪的著作《辍耕录》

琼岛春阴

里做了详细描写，但此处有必要谈谈贵族和当时在建筑方面的一些观念。这些观念已融入万岁山（煤山）和海子等建筑格局之中。这些格局与现在的西苑三海形成对应，当时它是元朝皇室的娱乐中心。在厚载门，也就是今天的后门附近，有一宫殿。宫殿后面，是能俯视全城的高塔，元统治者在这里欣赏宫廷舞蹈，尽情娱乐。向西部更远处，是个浴池，侧门通向"海子"湖。据记载湖面宽达五里或六里，约合两英里。

我们看到，在萧洵所著一万四千一百字的《故宫遗录》中，作者写道："驾飞桥于海中，西渡半起瀛洲圆殿（今日之团城，或称圆城），绕为石城圈门，散作洲岛拱门，以便龙舟往来。由瀛洲殿后北引长桥，上万岁山。"（这是元代为北海中的大岛起的名字，今有白塔矗立于此。）上书又云："万岁山高可数十丈，皆崇奇石，因形势为岩岳。前拱石门三座，面直瀛洲，东临太液池，西北皆俯瞰海子。由三门分道东西而升，下有故殿基，金主围棋石台盘。"

萧洵叙述了人们怎样才能到达隐于公园内松树、常青树浓荫后面的方壶殿、吕公洞、金鹿殿、玉虹殿，后两殿可通向山顶的广寒殿（月宫）：

（广寒殿）皆线金朱琐窗，缀以金铺，内外有一十二楹，皆绕刻龙云，涂以黄金，左右后三面则用香木凿金为祥云数千万片，拥结于顶，仍盘金龙。……窗外出为露台，绕以白石花栏。旁有铁竿数丈，上置金葫芦三，引铁链以系之，乃金章宗所立，以镇其下龙潭。凭栏四望空阔，前瞻瀛洲、仙桥与三宫台殿，金碧流晖；后顾西山云气，与城阙翠华高下。而海波逶迴，天宇低沉，欲不谓之清虚之府不可也。

山左数十步，万柳中有浴室，前有小殿。由殿后左右而入，为室凡九，皆极明透，交为窟穴，至迷所出路。中穴有盘龙，左底印首而吐吞一丸于上，注以温泉，九室交涌，香雾从龙口中出，奇巧莫辨。……

渡海子而至西岸，可达于著名的兴圣殿和隆福宫。此处建筑之概观以及浴室、内宅、藏书阁、动物园的设计足与东岸景象相媲美：

约远三四里，龙舟大者，长可十丈，绕设红彩栏，前起龙头，机发五窍皆通。余船三五，亦自奇巧。引挽游幸，或隐或出，已觉忘身，况其他哉！新殿后有水晶二圆殿，起于水中，通用玻璃饰，日光回彩，宛若水宫。中建长桥，远引修衢而入嘉禧殿。桥旁对立二石，高可二丈，阔止尺余，金彩光芒，利锋如砑。度桥步万花入懿德殿，主廊寝宫，亦如前制，乃建都之初基也。

据史料记载，当时显然有许多有趣的机械、用具在北京付诸使用：龙舟里的狮子和龙就是由内部机械控制的；在北海的一具水磨，既不用人力、也不用畜力来工作，而是设置了一套机关将金水河的水汲到月宫的顶端。大明殿上的水钟，尤其有趣，有四五种资料都曾提及它。萧洵描述过这个钟，或称"灯漏"，他写道：

此为灯漏（"漏"意为"滴"；时杯称为"沙漏"），凭水力之机而运行。有小人手执木牌（标示时刻），出示时刻。此物虽为木制，然内涂银漆。内刻蜷金龙云，高十五尺，容水六十升。

《元史》对这种机械有更详尽的描述：

灯漏之制，高丈有七尺，架以金为之。其曲梁之上，中设云珠，左日右月。云珠之下，复悬一珠。梁之两端，饰以龙首，张吻转目，可以审平水之缓急。中梁之上，有戏珠龙二，随珠俯仰，又可察准水之均调。凡此皆非徒设也。灯球杂以金宝为之，内分四层，上环布四神，旋当日月参辰之所在，左转日一周。次为龙虎鸟龟之象，各居其方，依刻跳跃，铙鸣以应于内。又次周分百刻，上列十二神，各执时牌，至其时，四门通报。又一人当门内，常以手指其刻数。下四隅，钟鼓钲铙各一人，一刻鸣钟，二刻鼓，三钲，四铙，初正皆如是。其机发隐于柜中，以水激之。

古籍中另有对类似机械的描述如下：

元至正十四年（即公元一三五四年），顺帝敕建一龙船，长百二十尺，高二十尺。舵手廿四名披金着紫，把船游于前宫白殿间，绕山相娱。船行之际，龙之首吻爪目尾皆动。上又敕命造一御用时漏，高可六七寸，宽为其半，隐于木柜，就中注水，上下流动。柜顶饰有三神庙，侧立玉女，各执时牌。至其时，牌上浮与准水平。两侧皆设金甲武士，其一执铃，其二执钲。至夜诸神击铃报时，绝无差池。值铃钲鸣响之时，一侧有狮舞动，另侧有凤振翅。柜东西分饰日月神庙，六宫女立于前。子午时刻遂双双越桥，至三神庙，继而还至其位。其精巧无伦，非常人可企。

伍

军阀，皇后和嫔妃

在中国……

好皇后总喜欢躲在皇帝身后，

为她们的丈夫提供一些明智的建议。

可是一旦中国的皇后冲破传统的樊篱，

走出那平素她们只能坐在其后

款款低语的珠帘，

她们便会大显身手。

西方历史上，有许多伟大的女皇，如奥地利的玛利亚·特雷莎和英国的伊丽莎白一世。在中国，这样的女皇显然很少见，大概由于好皇后总喜欢躲在皇帝身后，为她们的丈夫提供一些明智的建议。可是一旦中国的皇后冲破传统的樊篱，走出那平素她们只能坐在其后款款低语的珠帘，她们便会大显身手。远在大帝国的首都建于北京之前，武则天（公元六九〇至七〇五年在位）就曾设计了一套策略。她扫除了她丈夫的皇亲宗室，企图建立她自己的王朝。公元七五五年爆发的唐将安禄山之乱虽未置唐宗室于死地，却也给了它以沉重打击。事变的起因便是杨贵妃收了与她同龄的安禄山为"义子"。在安禄山生日时，她让这"婴儿"洗浴后听凭人们用布单裹起他二百磅的赤身，抬他上殿供廷臣们取乐。

　　在皇室统治的背后，我们常能看到将军和后妃们的行事。事实上整个汉代、明代都毁在太监统治的手里，只因为太监是最接近皇后和其他后宫女眷的。明代末期臭名昭著的太监统治时期，太监竟可以，而且也真做到了答责廷臣。如果他们想做的话，他们甚至可置廷臣于死地。自古以来一定级别的官员都是从不受体

山海关

罚的，所以明代这种情况确是史无前例的。当朝廷官员受刑时，不管结果是死是活，总有一只担架在旁伺候，准备将其抬出去。这些无性的"半人"就是借助皇后的权力才建立其统治的。

陈圆圆虽是个婢妾，却并不是坏女人。然而她在明代的衰败和满族占领北京的过程中起了很重要的作用。当反明首领李自成在一六四四年进攻北京时，明代最后一位皇帝崇祯自缢而死，李自成当时曾俘获了明朝将领吴三桂的宠妾陈圆圆。为了救出自己的情人，吴向长城外的满人求援，满族名将多尔衮应约攻入北京，赶走了李自成军纪不严的队伍，却拒绝离京返回关外。吴三桂又重获了他所爱的女人。但现在他认识到了他的错误。出于汉人的民族意识，吴三桂拒绝向满族人称臣，于是逃至云南的西南部，建立了一个独立王国（编者按：原文如此）。几十年间，他一直抵抗满人的控制，与陈圆圆一道以国王和王后自居，住在一座濒临广阔的昆明湖的宫殿里。他还在湖边为他的王后建了一座顶色金黄的亭子。

在时间上离我们较近的，便是为世人盛传的慈禧太后。她对北京的历史有很大的影响。是她下令修建了颐和园，并导致了一九〇〇年的京城劫难。当代的维多利亚女皇，曾控制政治舞台达半个世纪之久。相比之下，慈禧具有政治的睿智、刚毅的性格、果断的决策天赋和牢固控制政权的能力。她具有能影响人际关系的典型女性魅力。即使在她年纪很轻时，她的宫廷权术也是极为出色的，尽管当时作为咸丰皇帝（公元一八五一至一八六一在位）年轻的遗孀，她的地位曾一度受到威胁。但不管怎么说，她毕竟是个愚昧、顽固的女人。在中国那个存亡攸关、面临西方挑战的半个世纪内，她阻碍了国家的发展。面对类似情形的日本，却很快变革成了现代国家。她的见识之欠缺是惊人的。据说她曾讲过，她不相信像葡萄牙这样的国家会真的存在。因为 Portugal 翻译成汉语为"葡萄牙"或是"葡萄芽"。

"难道真能有一个叫作葡萄芽的国家吗？"她问。

在义和团兴起时，她的统治达到了顶点，经过了包围大使馆，洋人们的营救，最后是北京的浩劫。整个这一幕几乎令人难以置信，像一个中世纪的故事。她接受了宠臣荣禄和端王的意见，相信了义和团的魔法，于是下令合力包围和攻击外国使节团的全体人员。山东省总督袁世凯则比她明智，他不相信魔法并将义和团驱逐出他管辖的省份。受过教育的中国学者如张之洞之辈也不相信义和团。袁世凯用一种简单的方法，攻破了义和团自称他们的咒语可以防弹的玄妙说法。他请他们做个演示，当下有十名义和团员被叫了进来。那些相信义和团的幕僚们站在一旁。他命令手下一名将官对义和团员开枪。人们惊奇地看到子弹果真没伤到他们，他的幕僚们得意扬扬。这时袁世凯亲自掏出左轮手枪将一发发子弹射向了义和团员，团员立即倒地。原来，他事先已做了安排，他手下的将官是用一支装有空弹的枪射击的。

这里是我已收入一本书中的一幅悲惨画面：

慈禧太后面临两难之境，或者向洋人求和免战，抑或利用神奇莫测、威力巨大的义和团来与洋人抗衡。义和团的宗旨之一便是消灭在华洋人。他们那些人宣称具有神异的枪打不入的本领。这使她感到犹疑难决。结果是今天朝廷下令缉捕义和团首领，明天又指定支持义和团的端亲王任外务大臣。宫廷密谋在镇压义和团的翻云覆雨中起着极大的作用。慈禧已剥夺她的侄子，亦即光绪帝的实权，又在谋划着废掉他。她看中了端亲王的儿子，一个庸碌无为之辈，将其作为王位继承人。端亲王载漪认为与洋人交战会增进他的个人权力，且会促成儿子登上王位，因而力劝慈禧相信义和团确有抵御洋人枪弹的法力。此外还有一层，即义和团曾扬言要拿获"一龙二虎"来祭天，以偿他们背祖叛国之罪。这"一龙"便是革新派皇帝，两年前他实行的"百日维新"曾震惊了中国保守派官吏；这"二虎"便是年迈的庆亲王奕劻和大学士李鸿章，二人曾受命主持对外政策。

端亲王从北京的外交使团处伪造了一份外交照会，文中要求慈禧将朝政实权归还给光绪皇帝，由此使得那位昏聩老妇一心以为外国势力在阻遏她废帝另立的计划，于是她决定将筹码押在义和团身上，相信义和团员的那声战叫——"赶走洋人"就是他们神秘法力之所在。义和团发起了火烧外国使馆的运动，此举引起了一些开明廷臣的反对，以为不合西方惯例。但这些反对者尽皆为端亲王手下人所杀，就连京师大学堂校长也被迫自尽了。

义和团员实际只活动于京城之内。清廷曾派一名将官率军与义和团作战，结果中了埋伏，该将官被杀，部下则倒戈加入了义和团。

由于深得民心，作战得胜，义和团占据了北京。他们杀洋人，也杀中国基督徒并烧毁他们的教堂。外国的外交使团提出了抗议，受命调查教案的奕劻却在奏议中说义和团是"上天派来驱赶洋人、洗净国耻"的，他还秘密将成千上万的义和团员引入北京。

一旦进京，义和团便在慈禧和端亲王的庇护下，将城市投入了恐怖之中。他们满街巡视、搜捕和杀戮"洋毛子"和"二毛子、三毛子"。这"洋毛子"便是外国人，"二毛子、三毛子"便是中国基督徒或在外国机构中任职，甚或只是说英语的中国人。他们四处焚烧教堂和洋房，销毁洋镜子、洋伞、洋钟和洋画。实际上他们所杀的中国人多过所杀的洋人。他们用来证实一个中国人是否属于"二毛子"的方法十分简单。嫌疑人被押到街上，跪在义和团的祭坛前。这时有一张写着上呈给义和团保护神的话语的纸条被点燃，随着这纸灰向上飞升还是向下落去，嫌疑人便被定为有罪或无辜。义和团的祭坛须建于当街，朝向日落方向。忠于义和团的人要在表演猴舞时燃香祭神，因为猴神是义和团中最受大众信奉的诸保护神之一。一时间香雾布满街市，人人仿佛步入《西游记》中的神奇之境。当时甚至有些高官显贵人家也在家中设坛，将义和团首领邀至家中，家中仆奴也加入义和团，凌虐其主。

…………

洋人商号"宝维"（音译）被抢掠，人们砸碎了店中所有的钟表、眼镜。有人抓起一瓶香水，误以为是果酒喝了下去，登时脸色发白，倒在地上，口中大叫自己为洋人调制的毒酒所害。有个当时在商号做事的男孩证实说，人们砸碎了电话机，砍碎了电线，因为他们认为那是极端凶恶的地雷，要把他们炸飞。有人抓到了一名外国时装女模特，便剥掉她的衣裳，扛着这裸体洋女人游街。围观者呼叫着，被那女人搅得兴奋异常。儿童们则奔跑着，争抢她的金发，而且由争执而自相斗殴……

对于那些希望了解这段故事详情的人，再没有比布兰德和柏克豪斯所写的《女皇治下的中国》更好的书了。普特南·维尔也在《来自北京的唐突信简》中对北京所受的劫掠做了长篇真实的记载。

摇摇欲坠的清帝国，由于已无学习的能力，确已衰老，渐渐消亡。顽固愚昧的女人已完全彻底地腐败。自从北京灾难性地沦陷，慈禧太后本人逃往西北的西安时，已是头脑僵滞、闭目塞听了。她于一九〇二年返回北京，仍顽固不化，心中无悔，再一次将皇帝软禁在瀛台。中国人对君主立宪制的渴望又持续了十年，直到他们的耐性已被耗尽。在一九〇八年，慈禧太后终于驾崩。衰朽不堪的政权再不能重整旗鼓。共和主义者孙逸仙的斗争胜利了。这并不是由于中国人认为共和制比君主立宪制更好，而是由于汉人仇恨满人。由此中华民国才得以在一九一二年成立。

民国历史的第一阶段不再由太后、贵妃执政，而是由军阀执政。继清帝之后的军阀统治提供了一幅最令人惊奇的、纷然杂呈的景象。典型人物有东北军阀张作霖、"狗肉将军"张宗昌，就是

西直门外老式店铺林立的街道

他们将北京大学的教授们赶出了北京；大总统曹锟在公共宴会上，让他的修脚师的座位排在总理之上。再说那位"狗肉将军"常常抱着坐在大腿上的白俄女人接见外国领事。他喜欢俄国姑娘，而俄国姑娘又喜欢鬈毛狮子狗，于是他就让整团的士兵在鬈毛狮子狗面前接受检阅。

他深爱他的祖国，对他的母亲十分忠诚。他很公平讲理：如果他占有了哪个男人的老婆，他会给那位丈夫安排一个好工作，做城市警察局长之类……

人性曾变过吗？北京民众的爱、痛苦经历和无限的耐心可从未改变。服饰也同样。一九五〇年，一位法国作家在《费加罗报》上发表了一篇小说。其中写道，他来北京参加一国际会议，住在一家宾馆里。一天夜里一点钟光景，他被扩音器响亮的声音和锣声吵醒，原来那是叫北京居民起床打麻雀。人们认为，麻雀像人类一样，一连几个晚上不得睡觉，它们就会本能地放弃生存斗争。这种做法在全国范围内推行开来。理由是麻雀吃谷子，是社会的天敌，所以它们必须被无情地灭绝。可怜的麻雀……

　　蒙古人的荣耀、满人的权力，都已成为历史。一位奢侈的中国皇后曾经让农民们杀尽她宫殿里的青蛙，因为它们夜间干扰她睡觉。然而青蛙仍存活了下来，它们有自己的世界。这一事实是无法辩驳的。我确信那些无辜的麻雀总有一天会再一次快活地唧唧歌唱，在农田里，在北京的胡同里，就像在过去的老北京一样。

皇宫和御苑

当人们站在那儿，
深为这些宫殿和天坛的
线条的完美纯净而震惊时，
必定会感觉到那种对形式和结构的敏锐直觉，
以及对比例、结构、曲率的精密鉴别。
它们直接源于中国书法中的美学修养。

是艺术使北京成为一座宝石一样的城市，一座金碧辉煌的城市；是艺术安排了长长街道、高高门楼，为生活增添了魅力。不仅仅是建筑艺术，还有故宫博物院和琉璃厂的绘画艺术、雕塑艺术、陶瓷艺术、古董艺术、木版印刷的古书——所有这些使北京成为一座重要的城市。故宫博物院内有许多世纪以来留下的无价的历史财富，它们被保存在皇宫内，很少被世人看到。它们原被贮藏于中央太和殿左右两侧的文华殿和武英殿中。一九三三年，由于抗日战争来临的迹象已非常明显，那些珍宝被转移到了南京。后来这些珍宝再一次被极小心地从南京转移到台湾，贮藏在台湾的地下室里。中国最出色的艺术都在那儿。它被称为故宫博物院，可在人们头脑中仍旧将这些珍宝与北京联系在一起，就像我们把卢浮宫的珍宝与巴黎联系在一起一样。

　　中国建筑的特点——形式、线条、色彩和结构——是构思的基础，与西方建筑大相径庭。西方宫殿建筑中色彩的运用不很明显，如凡尔赛宫和汉普顿庭园。这种情况同样表现在英国和法国的古城堡中。欧洲宫殿的主要色彩，像凡尔赛宫，似乎都呈流行的白色或是一种显示时代荣耀的暗黄色、灰色。它们在绿树的环绕下，衬托在绿地中，显得极其美丽。相反地，北京的宫殿及其附属建筑，被建筑师们设计得色彩缤纷。这可能是运用琉璃瓦造成的效果，由此获得漆釉的红、黄、蓝、绿、淡紫或蓝绿等色调，运用油漆和清漆装饰木质建筑也有同样的表现力。

对石头建筑材料的忽视束缚了中国的建筑。劳动力的丧失对那些暴君来说并不算什么。使用木质材料的结果就是朽坏得快，这使有着数千年辉煌历史的中国今天可引为骄傲的古老建筑也就屈指可数了。使用石头的建筑，可保存几个世纪，例如悬崖上和墓碑上的雕刻题字。旧颐和园（圆明园）毁于一八六〇年清军与英法联军之战。当人们参观它的残迹时，便会感触至深。在这有着极多亭榭和塔楼的大规模的皇家庭园中，在这堪称世界上最大的乐园中，唯一存留至今的便是"意大利残垣"或残存的意大利王宫，它是洛可可派建筑师们用石头建筑的。洛可可式石柱横陈在那儿，还有隐现于茂草之间的壁缘和三角顶。它们都是用石头建成的，所以会残留至今。可当年康熙皇帝和乾隆皇帝的奇妙乐园中修建的玩具大小的西方式庭园已烟消云散了，留下的只有池塘和芦苇。

坐落在西安附近的秦、汉、唐代的宫殿也是如此。在秦始皇（公元前三世纪）所建的著名的阿房宫废墟，今天我们看到的只是一座梯形土丘，有五六十英尺高，一百码长，极像一条飞机跑道。汉武帝（公元前二世纪）的宏大的未央宫，就外表而言，今天看来只是一座位于城市西北角的土丘。在今日西安北部，杨贵妃（公元八世纪）的赛马场和宝塔被麦田和农房所取代。所有北京的古建筑都完全消失了——例如十二世纪的金中都。古老的蒙古泥墙现在看起来像一片毁坏的土垒，渐渐地成为历史的陈迹。

当我看到北京的金銮殿时，最令我震惊的是殿内高台和宝座本身的残破之状，它们是用质量不是很好的木头制成的，表面覆着龟裂的、褪色的油漆。当然，论理若是每年重新漆饰一次，它看起来就会像新漆的朱红色、金色和绿色。但要永远不褪色是不可能的。

总的说，中国宫殿不同于西方宫殿。中国宫殿不像一个平行封闭的军队列阵，却像展开的、分别行进的队阵。欧洲的宫殿通常包括庞大的建筑，前面有一花园，像卢浮宫前面的杜伊勒里花园，它们都有环绕四周的封闭走廊，以此连接无数房间，这样人们便很少需要通过露天的宽大庭园进入另一建筑了。凡尔赛宫的花园很大，但也是如此。换句话说，一个宫殿就是一座完整的建筑。相反，北京的宫殿却遵循了一家之内分屋别室的观点，就是在不同的庭院建起不同的建筑物，由长长的石道和遮阴走廊相连接，它们被人分成不同的生活空间，最后它们又都贯通集中在行礼大厅的开阔空间，突出强调的是梯形大理石台阶、围栏，和它们之间的景色。

宫殿都被高高的带有枪眼和瞭望塔的粉色城墙紧紧地围在紫禁城内。它酷似一个设防的城池，厚重的城墙上是有着大约三四十英尺高、五十英尺宽基础的塔楼。环绕紫禁城的是皇城，它也围有一圈较矮的粉墙，却没有那样的防御性外观。在皇城城墙和紫禁城的中间地带西面被西苑占去，东面则有各种官方机构的建筑，诸机构负责宫廷生活的管理和供给事宜。

紫禁城的最南端是用作典礼的三大殿宇：太和殿、中和殿、保和殿。太和殿又称作"皇极殿"，是皇帝举行即位、诞辰、盛节等重大庆典时接受廷臣觐见的地方。中和殿的地位在重要性上稍次，主要作为方便的休息场所，皇帝有事去太和殿时在此小憩。保和殿主要是用来召见在殿试中取得佳绩的学者。真正的召见群臣之所是保和殿后面的乾清宫，亦为皇室寝宫，也叫作内廷或冬宫，是供皇帝、后妃和诸王子居住的一个建筑群。

建筑被分为两大类，即正式的和非正式的。前者强调辉煌壮丽；后者则隐秘、不规则、奇特，与众不同，需要的是平和、优美的宅院。后一类提供住宅区和庭园。他们的区别类似于宣言、讲演词、历史文献所用的正式文字与另一种非正式文字的区别。在后者之中，个人的看法和热情、亲密的关系构成了主要特色。太和殿在公共建筑中是正式建筑的代表，西苑是皇家庭园的代表。中国建筑的特点都蕴含其中。

走进紫禁城南端的典礼大殿，给人的第一印象就是宁静。宁静，是我选择用来描述建筑效果的词儿；它与哥特式教堂的令人振奋向上的精神形成对比。两种建筑的宏大体积都获得了壮丽的效果。对看惯了法国的修道院和教堂的人们来说，布尔戈斯（西班牙一个城市）教堂之庞大，塞维利亚（西班牙一个城市）教堂中哥特式柱子之雄壮令人感到惊心动魄。就北京来说，宫殿的宏伟壮观首先表现在从前门到天安门的半英里长的

午门

一段景观。天安门有七八十英尺高，上面有一座完整的塔楼，像一堵防护墙；贯通高墙的大门至少有七八十英尺深；天安门外的广场足以容纳十万人。这是皇城的边界。再向里走，人们还要通过两个宽大的庭院和端门、午门。这两道门标志着紫禁城的起始点。紫禁城如同伊甸园里的苹果，充满了圣洁和神秘色彩，禁锢起来的是诱惑和完美。午门之上也建有高高的塔楼，形似防御城堡。越过这道门人们才可进入太和殿的阔大庭院。只有在皇帝出宫的某些郑重场合，如去天坛祭祀，或出征凯旋时，这些中央大门才被打开。平素朝臣们只从两侧的西华门和东华门进入宫廷。

如此看来，入宫大道的设计构想已显而易见。太和殿前的庭院很大，大约长、宽各有二百码。其开阔的空间是体现庄严、壮丽所不可少的要素。永乐年间的建筑师曾精细地测算出怎样获得预期效果，因为这种建筑只能站在一定距离处欣赏。宽广的御道，太和门前金水河上的五座汉白玉桥，上达太和殿的三级殿陛，还有较低处蜿蜒展开的大殿金屋顶，交织成浑然一体，显示出一种独特的建筑观念。大殿总是坐落在砌高的台基上，白色汉白玉的台阶穿过栏柱直达殿上，拾级而上，给人以登临圣境之感。庭院的两侧有覆顶的回廊。台阶被分成三段，中间部分是刻有蟠龙和其他象征图案的石板，当皇上乘轿子时享用。大殿前的露台是一条宽阔的石道，摆放一座大理石日晷、一只大理石嘉量和一对象征长命百岁的鹤、龟，还有一些大铁缸用来装防火用水。

太和殿有一百一十英尺高、二百英尺宽、一百英尺进深，其规模与忽必烈汗的听政大殿相仿。这个殿现在是空着的。中央是高台，有三十平方英尺，可从三面登上御座，殿顶藻井涂着绿色、金色的方形图案。御座上方悬有一方匾额，上有四个金色大字："正大光明"，强调正直、坦率、光明磊落的思想品质（kwangming一词译成"光明"是不正确的）。我已讲过御座高台破烂不堪的情形，表面主要靠清漆维持华彩。但不难想象，当皇帝被宫廷侍卫和朝臣们围绕着坐在宫廷之上时，显出一副威严壮观的气派。日本出版的《唐土名胜图绘》一书，以木版画生动地展现了太和殿上大臣们的娱乐活动和午门外的景象。

被这些木版画所表现并被中国文献所证实的一个有趣景象，就是一对对大象面对面地站在道路两旁。当朝臣们通过时，大象就聚到一起，挽起象鼻，挡住午门外的中央大路。大象平时被关在顺治门内的大象房里。

太和殿后面就是略小些的中和殿。一八九八年的一天，当光绪皇帝途经这里准备上朝时，被慈禧太后捉了去。

宫殿建筑的宁静风格并非由巍峨高耸的屋脊，而是由起伏延展的屋脊所造成。朱丽叶·布莱顿正确地注意到，整个屋顶外观没有一根直线。她说："甚至房瓦的主坡面也有轻微的弧度，有一种波纹。这不是偶然的，而是特地用来美饰外形，使其赏心悦目，却没有减少直线形的单纯和闲适质朴的美感。"这情形颇似希腊卫城的柱子，它们并不完全是垂直的，而是向内倾斜，因弯曲的幅度很小，故而人们很难觉察。有一种说法曾很流行，即认为中国建筑的顶部曲线源自蒙古包的天然线条。这种说法似乎颇有道理，实则纯属主观臆想，因为它忽略了中国人对于形式和线条的天然趣味。

当人们站在那儿，深为这些宫殿和天坛的线条的完美纯净而震惊时，必定会感觉到那种对形式和结构的敏锐直觉，以及对比例、结构、曲率的精密鉴别。它们直接源于中国书法中的美学修养。

书法艺术的一条基本纲领是"刚柔相济，宽猛相兼"。很明显，拱形屋顶大约占建筑物一半的高度，与平直的基础和下面的柱子形成和谐的整体。没有坚实结构的曲线产生的是柔弱有加、力量不足的效果，直线形若无曲线的配合，所产生的则是僵直之感。在这方面，纽约的联合国大楼便是一个很好的例证。它给人的印象便是稳健有力，但并不优美。它拥有的是戒尺一样笔削的直线，不过此外它一无所有。只有通过直线与曲线的交互配合、线条的并用才能产生和谐统一的整体效果。

由此可见，不论是建筑，抑或人的形象与性格，刚韧与柔和都是达到美所必不可少的两种因素。

在北京的宫殿建筑中，屋顶是整体结构中最有特色的部分。在它上面，所有的线条都展示无余。耀眼的屋顶瓦的使用，颜色的选用，又一次突出了屋顶的重要。因此，正像我们将在宫殿庭院看到的色彩效果那样，单层屋顶和多重屋顶的复杂结构几乎构成了建筑中修饰性最强的部分。这一特点在日本的寺庙宫殿建筑中亦可看到。

在中国社会，祖先崇拜在生活中历来占有很重要的地位，因此坐落在皇城东南角的皇室祖庙——太庙也就显得十分重要。一年中每个季节的头一天都要供奉牛羊来祭祀先帝的灵魂。按照古代赶庙的习俗，每当做出影响皇族前途命运的决策时，都要在此向死去的亡灵一一通告。与普通人家的祖庙不同，皇家太庙有一个显著的特点，就是殿堂被分成各个祭室，每个祭室供奉一位皇帝，而且为每位皇帝和他的后妃设有御位。皇帝御位置于中央，两侧是皇后的御位。例如，康熙有四位皇后，便另设有四个御位；乾隆有两后，咸丰有三后，可怜的光绪只有一位皇后。庭院里有古老的松柏，许多乌鸦栖聚在上面。这些鸟凭经验已经知

太庙

道这个场所是禁止射猎的，在中国其他地区的许多祭祀场所也是如此。

然而对我来说，印象最深的要数文华殿后面文渊阁中的皇家藏书处。那是一座两层楼阁，里面的藏书都套在丝或织锦的书套里，书套旁边用玉别针别住。那儿还有皇帝的御书房，分布在底层和顶层，皇帝可以在此读书。那儿有乾隆皇帝的四部大型藏书中的一部，即著名的《四库全书》。藏在圆明园的一部同样的图书在一八六〇年被入侵的英法联军烧毁了。那时欧洲人极为欠缺对中国的了解，英法联军的士兵们全然不知他们烧掉的是多么宝贵的财富。当年乾隆皇帝下令在全国范围内搜寻有价值的古书，这些书被送往首都，由学者编辑们着手逐一进行研究，并与已有的书籍进行对照。将选出的图书列出书目，用手抄下来，纳入这个庞大的总集。

此外，还附加了未能包含在内的一些优秀书籍目录。当时的编辑们尽皆广闻博学者。尤其是老学者纪晓岚，他是一位聪明过人、富于幽默感的地道学者，乾隆非常敬重他。当年对《四库全书》中每本书的风格、著述情况和价值所做的简要编辑评论，亦即提要，至今仍保持在经典评论的水平。较早编就的永乐年间的全书——《永乐大典》，除了大约二百本今存者外，其余著作已尽被烧毁或已散佚。这套《四库全书》的编纂亦效其法，由专门学者们认真标注，每一笔都加以认真查验。用墨精美，用的是又白又厚、质量上乘的宣纸，用丝线装订成册。

当世人看到康熙、乾隆学习汉语的巨大热情，早期许多汉人对满族统治者的怨恨便逐渐化为乌有了。这些帝王都是文学艺术的保护者，许多令人折服的百科全书、字典、参考书都是由他们下令编辑的。幸运的是，康熙和乾隆皇帝执政皆达六十年。事实上，乾隆在位将及六十一年时，他便退隐了，声称他不敢超过伟大的康熙统治的年限。他死前在内廷东侧又平静、舒适地生活了几年。由于乾隆深谙汉族文化，且作有精湛的诗句和书法作品，因而世间有一传说也许不是无稽之谈，即乾隆父母是汉人，幼年时他被偷带进宫，由他人用计袭了皇位。

清代最后一位皇帝溥仪，在四岁时就被推上了宝座。我在北京时，溥仪还是个二十岁的年轻人，仍住在内廷，跟从 R. F. 庄士敦（R. F. Johnston）先生学英语，庄士敦先生为他取了个很妙的皇室名字——亨利。我的一位朋友曾看到这位亨利·溥仪的桌上放着一罐亨特莱和帕尔默公司出品的饼干，毫无疑问那是他的英语导师送给他的。人们还看到他从旧书上撕下一页来擦鼻子。后来他被"基督徒"将军冯玉祥戏剧性地赶出了皇宫，当然这并非因为他本人有什么过咎，再后来便被日本人绑架、软禁，送至天津；然后被立为"满洲国"的傀儡皇帝；在广岛事件后，他又在前往满洲里途中被俄国人逮捕关押。

我最后一次听到溥仪的消息是在一九六〇年。那时他已成为一名普通人，正在彻底交代他那与生俱来的"资产阶级"罪行，发誓要为胜利完成社会主义改造而工作。

西苑中的南海、中海和北海是历代皇帝的娱乐场所，覆盖着古树，有北海的藏式白塔君临其上，从远处便可依稀望见白塔的丽影。法语称白塔这种奇形怪状的结构为"薄荷瓶"，这比喻很恰当。这一带原是忽必烈汗所建诸宫殿的中心。当初那些宫殿中挂着野猫和貂，地板上铺着黑貂皮。忽必烈汗的猎鹰房在西部。马可·波罗写道："他的公园内有许多白色雄鹿、黇鹿、瞪羚和不同种类的乖巧的松鼠。"奥德里克曾对宫中一只机械孔雀的技术奇迹大加赞叹，那里还有一座金制的水钟。（参看第四章）

南面是南海，有着极美的景色，也发生过令人寒心的惨剧。由一道狭长的地带与北面陆地相连的一座小岛便是瀛台，它常被此间译为"海洋平台"。实际上，"瀛"的含义是让人想起广为传说的中国海中的仙岛。

改革派皇帝光绪被软禁于此十年之久。它还使人忆起被戴上铁面具然后关进地牢的法国王子，他在那里腐烂、死去，却不为人知，那小岛就在法国戛纳以外的海中。光绪的命运不及王子那么悲惨。这岛虽小，景色却美，光绪帝只在这点缀着美丽建筑群的小岛内才有自由。他是在太监们的严密看守下生活的。那些太监们晓得，他们的小命能否保全就取决于是否服从太后的旨意。他们常常换班看守皇帝，这样便无人能与皇帝密谋逃跑。一次有位太监在寒冷的冬天里看到纸窗上有些漏洞，出于对年轻皇帝的怜悯，把洞给补上了。第二天，这位太监便被解除了职务。原来，瀛台中发生的一切，都会立即传进光绪的这位婶娘，专横的皇太后的耳朵。光绪皇帝想推动中国政府进行一系列现代改革，但他的计划遭到了叛徒袁世凯的出卖。三十岁时，他想必产生过一种令人遗憾的、听天由命的态度，满足于自己对南海中景致变化的玩赏。这也许没什么不好，面对这样一位母老虎似的婶娘，这位年轻人能做什么呢？适值一九〇〇年，义和团运动兴起之际，他所爱的妃子珍妃在八国联军兵临城下，他与慈禧太后仓皇出逃的前夜，被太后直接下令投入了井中。

"珍妃井"的故事，据一位目睹的太监讲述原是这样：太后亲自下令后，又亲自坐在庭院对面看着太监投人下井。她的这一恶毒之举起于她内心的危机感。由于她采取了鼓励义和团的方针，导致了全面的暴乱。皇帝本人对此手足无措，珍妃却总是有独到的见解。直到她生命的最后时刻，她仍企图劝说慈禧太后，让皇帝留在京城与外国侵略者进行谈判。世人皆知皇帝对"洋鬼子"颇有善感，可那老妇人害怕洋人通过这一突变的事件使皇帝重握大权。这是她绝不能忍受的，因而她命令皇帝跟随她一道出逃。除上述原因外，珍妃遇害还由于她是一个非常聪明的人，而宫中只要有一位聪明的女人就足够了。今天在内宫后面的东北门内，有处景物总被介绍给游客，那就是"珍妃井"。

历史上总是有很多"伟大"的皇后和女皇。唐皇后武则天本以皇帝，即自己的儿子的名义统治天下，却终于以叛逆罪废之，一连数年不许他与外界联系，禁止他见客接人。一位忠诚的宫中侍卫为了保护年轻的皇帝，曾剖腹落肠，以此阻止太后加害她的儿子。此处对光绪帝的情形加以叙述，不仅是由于我从英文著作中读到了对这位"伟大"女皇、宫谋魁首的毫无意义的颂扬，还因为这段史事影响着整个现代中国历史的进程。

一九〇八年，光绪皇帝只比慈禧太后早一天离开人世，这绝非巧合。很显然，一想到自己已不久于人世，后自己而死的皇帝说不定要向自己的亡灵报仇，毁坏自己的令名，这位老妇人根本无法忍受，因此皇帝便在她前一天"适时地"去世了。传说皇帝咬破他的手指，用鲜血写下了他最后的愿望，即在一九〇八年应将背叛他的袁世凯永远驱逐出朝廷。不管这传说是真是假，袁世凯在光绪死后四年间的确被驱逐出了官场，直到一九一一年革命时期他才重又掌权。

南海、中海、北海目睹了一系列事件串成的悲剧。在南海，光绪皇帝像囚犯一样死去；一个与中海相关联的人物——袁世凯出卖了他。袁世凯在民国成立后，重又登上了政治舞台。因为他控制着军队，一九一五年他企图自立为皇帝。一九一六年，一个叫蔡松坡（蔡锷）的人，在云南举行了倒袁起义，打碎了袁世凯的迷梦。这位蔡锷的名字永存于北海西北角的松坡图书馆。面对蔡锷的起义，袁世凯筹划已久的君主制度像一枕黄粱般地破灭了，因为民众的意志是反对君主制的。权力达到了顶峰，便要脱离民众。袁世凯被那些同谋者所欺骗，竟以为全国上下都支持君主制的计划，因而利令智昏，悍然称帝。按现今的说法，梁士诒（绰号"财神"）曾建有一家报馆。他每天早晨都为袁世凯提供上海的报纸，筛选新闻内容，改编后在北京印刷。从那些报纸中，袁世凯得出了民众强烈要求恢复中国的君主制的印象。明代最后一位皇帝临终时的一番话听起来非常像袁世凯的最后感想："然皆诸臣误朕。"

自从一九一二年建立了民国，三海的大部分区域已向公众开放。金鳌玉蝀桥头，屹立着北京国立图书馆。这是一座极高雅的建筑，与周围古典格调的环境十分协调。它构成了中海与北海的分界线。这一地区，尤其是中海，是慈禧太后常去的地方。现在孩子们可以在湖面上划船或滑冰，但在帝国时期，这里是禁地。这里的紫光阁是同治皇帝（公元一八六二至一八七四在位）第一次接见外国使臣的地方。这座建筑有四五十英尺高，虽不像其他大殿那样给人深刻的印象，却显得很亲切。宫殿内点缀着建筑艺术的珍品。此处可以看到隐在树丛中的拱形屋顶，彼处有一条修饰性的拱廊护卫着上桥的通道；这里是缤纷灿烂的琉璃瓦，那里是一尊大佛——但整体都很严谨，与周围景致协调一致。唯一的例外是一座隐蔽的欧式建筑，那是慈禧太后突发奇想兴建的。袁世凯将其改建成他的总统府，可是，把它改得非常难看。它衬托在典型的东方景致下，在西方的游客看来，显得不伦不类，非常难看。

朱丽叶·布莱顿用优美的文笔描述了三海区域的难以名状的美：

分析北海这块被遗忘的角落的迷人之处……是不可能的。这魅力是一种应仔细品尝的味道，是一股沁人心脾的香气，是我们眼中的色彩，倒映湖中的柳影；是灰色的石堤，如同沿湖岸扭动的巨龙。这魅力存在于南飞的鸭群中，存在于微风吹动的青草中。那青草爱抚着破旧的汉白玉石栏，一如鲜嫩的灌木在金色屋顶中伸展。它们还存在于蓝蓝的水中琉璃瓦的倒影里，存在于被淡紫色的通道略微染成紫色的乌鸦翅膀上，存在于黄昏站立在岩石上的挺拔的苍鹭间，苍鹭们像立在基座上的铜像一样凝然不动，也存在于对于惆怅地凝视着我们的历史的思忆中，存在于轻柔地融入尘埃的今日之忧伤中。

罗伯特·哈特爵士曾组建了中国的邮政系统。朱丽叶·布莱顿是他的侄女，她怀着深厚的感情撰写了关于北京的文章，而且常常写得很美。她所著的《北京》（*Peking*）一书堪称是关于这一古都的英语书籍中的典范作品。

她所写的所有庙宇和景观都是她怀着特殊的游览兴趣做过实地考察的。说来真巧，写北京写得最好的几位作者，名字的起首字母都是"B"，布莱契奈德（Bretschneider）写出了最好的考古研究报告；布莱顿（Bredon）带着一个探幽钩沉者的明敏志趣，写到了北京城中所有被遗忘的角落。J. P. O. 布兰德（J. P. O. Bland）和柏克豪斯（Backhouse）是一对搭档，柏克豪斯的中国知识和布兰德的生花妙笔相结合，便写出了两部读来颇似探案小说的历史著作——《北京宫廷纪事与闻见录》（*Annals and Memoirs of the Court of Peking*）和《女皇治下的中国》（*China under the Empress Dowager*）。这里无意贬损其他作者的成就，但上述著作的价值将永存不灭。

将中海与北海隔开的大理石拱桥称为金鳌玉蝀桥。这座桥历来就是一条供人们从城区进入皇城的公共通道。在桥的两侧，人们可以瞥见湖上景致。著名的团城便坐落在桥的东端；与团城相连的小岛上，建有一座壮美的白色舍利子塔，也称白塔。这团城也称圆城，面积虽不大，却以承光殿中所供的玉佛闻名于世。佛像面露蒙娜丽莎式的微笑，是一件精美绝伦的艺术品。据传说，不论一块多么洁白的玉石，只要一靠近这尊玉佛，便会黯淡失色。玉佛置于玻璃后面，游者可以贴近身去仔细端详。
在承光殿的庭院中还有一件稀世之物，即玉瓶，它高约二英尺，
壁上雕刻有龙和鱼的形象。它很可能是忽必烈汗的遗物。马
可·波罗曾描述过这类玉制容器中的一件，说它价值连城，饰
有珍珠缀成的流苏，高度"达五英尺"。当然，还有其他一些与
承光殿这只相近的玉瓶，如内廷养心殿乾隆寝宫中存放的那只，
但承光殿这只玉瓶的规格是世上罕见的。据史籍记载，元宫城
被毁时，此瓶逸失，后乾隆在一小寺庙中发现了它，遂付出相
当于一千美元的高价将它买下，并移置于此。乾隆还在瓶上题
写了自己的一首诗。

我们应当记得，我们此刻正站在俯瞰蒙古统治者荣耀的小岛
上，再向前去便是清统治者的遗迹了。

白塔显得很奇特，并非中国通行的样式。在园中观览的人们
可以越过莲花覆盖的湖面看到它投在水上的倒影。人们若不走近
前去，登上它作为基础的台基，便很难估测出它的体积之庞大，
它的顶部很可能是北京城中的最高点。一般说来，舍利子塔的形
状都是厚重而圆的塔身，顶部有一小巧的机关，令人想到在西
藏、泰国、缅甸等地发现的高僧遗骨。白塔在北海御苑中所占的
显赫位置，表明了佛教自十二世纪以来对中国的影响之深。实际
上，佛教的影响还可上溯至四、五、六世纪（有紧邻北京的山西
云冈石窟造像为证）。长久以来，佛已深入中国人的内心深处，佛
教实际上则是十九世纪以前中国所受的唯一重大的外来影响。唐
朝以来，佛教故事一直是中国民众深感兴趣的。佛经用语也已渗
透进了中国习用语言之中。慈禧太后被尊称为"老佛爷"，一个可

爱的胖小子则被叫成"小菩萨"。至迟在四世纪时，印度的僧侣便已来到了中国，他们被称作"西僧"，佛教的天堂则被称为"西天"。早在成吉思汗时期，北海便已同非凡的道士丘处机有了联系。丘处机道号长春，当时住在昆仑山，成吉思汗闻得他的盛名，便派人前去相请。丘处机遂前往蒙古的额尔德尼会见成吉思汗，可是汗王已离去，他便继续寻访，在经历了长途跋涉的艰辛与奇遇后，两人终得在印中边界处相见。丘处机向大汗建议禁绝杀戮。自那以后，他便返回国内，在北海附近的赠地上住了下来。那座白塔实际上是一六五二年在第一位满族皇帝顺治督命下，为纪念达赖喇嘛来访北京而建造的——也许政治和宗教的意义各参其半吧！登上塔基便可看到，靠近塔基处有一神龛，内供一尊七头、三十四臂、十六足的偶像，他的脖子上挂着一串人颅项链，清楚地显示了喇嘛教的影响。

站在这座绿宝石般的小岛之巅，人们可以看到天赐美景，看到广袤的乡野和都城的辉煌。十二世纪的周恽曾对这座小岛做过描绘，另一篇同类文字见于《辍耕录》，它述及了蒙古时期的古老荣耀。下面不远处的湖水闪着金色的波光潋影，远处的西山在褐色的暮霭中逐渐隐入了地平线。在晴和的日子里，西山便会映着朝阳，山峦由红转为微紫，再向上的山顶便转为紫红和幽蓝的色彩。前面的下方绿叶丛中隐约露出檐角的奇妙造型，饰有描金绘彩的朱红门柱与粗糙的皂荚树和松树的枝干形成悦目的对比。湖岸之上，彩绘瓦顶的牌楼散布于僻处，大理石桥横跨在碧蓝的湖水之上。仲夏时节，湖水常被绵延数英里的莲花所覆盖，那柔柔的花香并不为匆匆的过客所注意，却惹动了船中闲荡或岸上漫步的人们。向东不远处，内宫和三座雄伟的典礼大堂的檐顶历历可见。

在远近各处，特别是北面，小山上遍布着亭台楼榭、游廊隧洞，石甬路引人游历各处奇绝的景点。向低处的水平线看去，北面横亘着一道游廊，现已显出几分破旧之迹。我记得在那游廊上曾品尝过一种中国式的玉米糕，是用皇家御膳房的方法蒸制的（北海在一九二五年对公众开放）。这窝窝头用中国玉米制成，平时被看作穷人的食物，是买不起稻米的农人们吃的。可在御厨们的调制下，这粗糙的食品却变成了可口的美味。

在湖的北面，和白塔相对处有两座建筑。其中一座确是美轮美奂，那就是九龙壁。我记得它足有三十或四十英尺长，由龙云交织的浮雕构成，雕像皆覆以光彩夺目的琉璃瓦。另有一座九龙壁存于内廷的东部，但常人难得见到。在湖的最西北角上，坐落着两个非比寻常的建筑物，即小西天和大西天。大西天中有一座小山，山上凹雕着数百个高僧的造像。这一景观与其说是为了引起赞佩之情，毋宁说是为了镇服信徒。它令我心生一丝恐惧，犹如柬埔寨吴哥窟和印度庙宇给我的感受，那里的每一个角落都充塞着人的形象。有时我从中能见出一种倾向，我称它为中国的洛可可，一种过于雕饰的倾向。这种情形在中国的园林中亦有表现，形状各异的门窗太多，普通的院墙也要在顶部现出波浪状的饰样，那种简洁线条的古典美已被置诸脑后。同样，出现在彩绘陶瓷上的装饰风格也往往显得过分，比之宋代的白色单彩瓷瓶具有的朴素美，已显得大为逊色。

在中国的园林中，亭子始终占有重要地位。亭子是一种很小、很简单的建筑，它的轮廓让人一目了然。它还必得作为一种美，独立在那儿，如花瓶一般。亭子的形制、比例、飞檐彩饰等方面都凝聚着深远的匠心。若要达到完美，便须依据特别的目的选择色调和形体，上、下、高、低都要比例匀称，或小巧或雍容，风韵有别。若干亭子联合在一处，其色调与形制就更显重要了。我们在这一带便可以见到两处实例。

第一处是五亭岭，坐落在西北角。那岭的形体恰似舞动之龙，跃入水中，五座亭子略呈半圆状分布，像通常那样以廊道相连。这一布局造成的美妙组合打破了湖岸轮廓的单调之感。

另一组亭子见于煤山的岭上，在北海北面入口不远处。我们在第三章中提到过的煤山，在内廷后面中央处拔地而起，也许有三百英尺高，且与内廷相隔，因而它与许多城门处在同一中轴线上。这中轴线是从外城的南门延伸过来的。因为北面没有中心门，所以煤山便成了这条线的终点。它无疑成了观察烽火台上烟火的地点。那些烽火台是一套战时报警设施，它们列成一线从北面的长城穿过乡间直达此地。山岭上的五座亭子顺着向下的山势匀称地分布，它们的造型和色彩总是令游人赞叹不已。据朱丽叶·布莱顿的记述，这些亭子经过使臣们的描绘，其美名传到了俄皇叶卡捷琳娜二世的耳里，于是她命人在彼得格勒的皇宫中为她复制了一座。

再向下去，便有一株铁链拦护的树，指示出明朝末帝在李自成起义军攻入北京时上吊自尽的地点。皇帝一大早便换了衣裳，脱去了皇袍，宫中响起了早朝的钟声，可是没有一人上朝。皇帝穿了一件短小的绣龙上衣和黄紫二色长袍，赤着左脚，由一名叫王承恩的忠心太监陪伴，从神武门出宫，进到煤山园内。他凄然凝望着城中，在长袖的袖口上写下了遗诏："朕凉德藐躬，上干天咎，然皆诸臣误朕。朕死无面目见祖宗，自去冠冕，以发覆面。任贼分裂，无伤百姓一人。"然后他便在有名的"皇家冠带"亭内上吊而死，那位忠心的太监也一同赴死。

颐和园有着同北海、中南海一样的景致。它也是建在山水之间，装点有塔庙、游廊，只是它规模要大得多，也更加奢华。有案可稽的是，它是一个老太婆的五千万美元的即兴之作。慈禧太后挪用了二千四百万两银子，营造这座供她玩赏的巨大游乐场。

常听人说中国为此付出了高昂的代价，因为海军在甲午海战中败于日本之手，致使中国不得不把台湾割让给了日本。我很怀疑这一说法。即便中国建起了一支规模更大的海军，它也会在战争打响后片刻即告溃灭。挪用海军军费的主意是受到太后的著名首席大臣李鸿章的赞同的，即便当时朝廷的情形换个模样，中国也不会拥有像样的海军。李鸿章的搜刮之手从煤铁矿到河运是无孔不入的，他和盛宣怀都是那一代人中的首富。他们所办的中国轮船运输公司以贪污腐败而臭名昭著。一九一一年中国革命民众的大暴动部分原因就是为了推倒盛宣怀。如果说这类人连营利性的商业航运公司都办不好，还谈得上什么办海军呢？在天津，八国联军打算将带来的近百万磅弹药和杂凑的来复枪、炮弹卖给买办，这些军火都是俄、德、法、英、捷克诸国造的，实际上是否能用就另当别论了。在一艘海

英国人眼中的圆明园

战中被俘获的中国炮舰上，人们发现它只携有两发炮弹。如此看来，即便是那笔钱不被那满脑子私欲的老太婆挪作他用，难道中国就能在海战中战胜日本吗？一九〇〇年，八国联军曾想部分毁掉颐和园，可他们终于未能做成。几年以后，园子又经修复，得以重放昔日光彩。

有一幅传世的画轴，是为庆贺康熙皇帝六十寿辰作的，节日中充满喜庆气氛的城市风光尽展在妙笔长卷之中。它引导观赏者的视线从内宫经过城西北的景致，再穿过西直门，进入西北郊，停在老颐和园外的几道门那儿。画面展现了那个重大日子的庆贺场面。列阵的士兵、骑兵、御用车马仪仗、聚集在各处的满族旗手以及乐工和杂技艺人，最后还有沿西郊大路分布的客栈，来自各省的行会把它们都占用了。画上的文字说明着各个戏院是由哪个行会或衙门出资承办的。

颐和园即新圆明园，它的园址毗连圆明园的废墟。那场浩劫发生在咸丰朝。那时，著名的慈禧太后还是个年轻姑娘。她随同她的国王夫君一道，可耻地逃到热河。那段回忆想必如创痛一样令她无法释怀，她是目睹了圆明园的昔日风采的，眼下却为兵燹所夷，显然再无修复之望。那是一种惨绝的践踏文明的行径。她在晚年以为她应当建一座新园以享快慰，于是便有了现在这座颐和园。她为此颇觉得意，以致在这新游乐处所竣工后，她在里面度过了她的大部分时日。

这座颐和园，从建筑学的观点看，确实代表了中国关于地上天堂的幻想。有时它被称为万寿山，因为园中最显耀的便是万寿山，它坐落在西山之麓，靠近玉泉山。山上的建筑鳞次栉比，山北的入口处还有一座建筑群，入口通至湖的北岸，那里有一座宏伟的佛香阁，绮丽高峻，矗立山顶，直薄云天。这座建筑最能代表中国人"阁"建筑的理想，建阁于高处意在望远。在园中不计其数的建筑物中，包含着一座三层的戏台，一个设有铁制转藏轮的亭子和庭院。这是为慈禧太后建成的一处绝妙居处，位于一片美丽的石庭之前，装点有一对铜鹤和其他摆设，最讲究的是从特定角度、位置上观览景致时可见出的匠心。正如现代建筑中观景窗的设计追求那样，亭台楼榭通常都选在前景与远景水乳交融、和谐一体之处。从不同的地方都能见到玉泉山上汉白玉塔的姿影，因此人们在远处也会看到装点着汉白玉牌楼的整个景观，犹如置身梦境之中。

在较低处，一座华美的拱廊立于岸上，两端立有两尊来历久远、闻名遐迩的铜狮。整个湖岸线都是由绵长的汉白玉栏杆和蜿蜒伸展的彩绘长廊环绕着的，以秀美著称。站在拱廊之下的人们可以看到隔湖相对的龙王岛，以及通向岛上的十七孔桥。再向远望，在岛的一角，横有一座以其精美而著名的桥，人称罗锅桥或驼背桥。

那条大石船，又称石舫，有两层楼高，长约八十英尺，伫立不动，泊于水中，其状如真，构想新异。有一次慈禧太后弄来了一条游玩的汽船游湖，船游一周达四英里长，但她后来却没有再游——也许是她买不到零部件吧！

形式研究

寺庙、佛塔和雕塑

天坛恐怕是世界上最能体现人类自然崇拜意识的建筑。与其他森然可怕的宫殿或优雅别致的楼阁不同，天坛与哥特式大教堂一样，真正能让人们体察到神灵的启示。

色彩、形状、线条与气氛是构成一切艺术的基本因素，而艺术的任务就是创造美。艺术直接诉诸感官，但美感的衰退经常把艺术引向歧途，促使人们用智力、几何方面的分析来替代已丧失殆尽的对美的感受，那实际是一种绝望的体现。对这种艺术进行任何理论上的辩白都是毫无意义的。

　　众多宫殿与皇家游乐场的精妙着色艺术，我们已经谈过了。但对中国建筑来说，无论是宫殿还是宝塔，形状是同样重要的。在中国所有的寺庙建筑群中，宝塔是至关重要的成分。事实上，最古老的寺庙唯一保存下来的部分通常就是宝塔。它就像一个花瓶，孤零零地矗立在那里，完全依赖线条与形态的安排来体现其造型之美。在西方城市中，教堂的尖顶为人们提供了陆上标志；在中国的风景中，宝塔起着与之异曲同工的作用。

　　北京的寺庙数不胜数，有儒家的，也有道家的，有佛教的，也有喇嘛教的。就形状的完美来讲，天坛别具一格、出类拔萃。许多作家盛赞它为"中国一切宗教建筑最杰出的代表"，"三层青瓦金顶的圣坛"，是"人类灵感的杰作"。在中国所有的艺术创造中，就单件作品来说，称天坛为至美无上的珍品恐怕并不过分，它甚至要超过中国的绘画艺术。天坛对人们情感的震动，除了它的壮丽雄伟之外，还来自其建筑本身的比例合度，其色彩的完美，及其与苍天的浑然一体。朱丽叶·布莱顿曾以诗人般的敏感这样描写她静观天坛时的感受：

在这一游人罕至的静谧角落，你可以不必担心他人的打扰，凝眸注视那大片微微颤动的青草和那些庄严矗立的绿树，纵横交叉的大理石甬道把它们划成大大小小的格子。这些草木似乎吸收了周围空间、光线和空气中所包含的一切宁静与柔和。如果时间允许，你可以在清晨来这里，晨曦薄雾中的天坛顶盖仿佛悬浮在半空，梦境般隐约迷离。正午时分，阳光灿烂辉煌，此刻的天坛又别是一番景色。傍晚，夕阳西下，如一轮火球坠入西山之后，晚霞映红了大理石，色彩格外鲜艳。清晨、正午、傍晚的天坛，风景各异。但若想真正体会天坛的精妙绝伦，你得选择月明星稀或瑞雪缤纷的夜晚，月光是如此的神秘，雪花是那样的轻盈，只有此时此刻，你才能切身体验到天坛，这人类建筑的瑰宝，与那树木的美妙、与那苍穹的空旷是如何和谐，它是如何准确地反映了生命与永恒的真谛！只有此时此刻，你才能领悟这树丛与建筑象征了智慧、爱心、敬畏与无所不在的宁静。神用这些启示教育混沌无知的人类。

沐浴在月色中的天坛是最令人肃然起敬的，因为在那时天幕低垂，天坛这座雄伟的穹顶建筑与周围的自然景物水乳交融，浑然一体。镀金的圆顶在云朵或繁星的衬托下闪闪放光，三层坛檐在夜里显得更加宁静、安详，令人敬畏。层见叠出的大理石栏杆支撑并托起了整座建筑，其造型象征了人类向上苍奉献了自己的灵魂。天坛恐怕是世界上最能体现人类自然崇拜意识的建筑。与其他森然可怕的宫殿或优雅别致的楼阁不同，天坛与哥特式大教堂一样，真正能让人们体察到神灵的启示。

祭天是中国古代最具威严的仪式，那是仅属于皇帝的特权。在这一活动中，皇帝是最高贵的祭司，是其臣民的代理主教。这种思想感情是中国最古老的思想方式，它既不是儒家的，也不是道家的，更不是佛家的，是先于它们很早就存在的。对上帝的膜拜可以追溯到中国历史的开端。儒家学说是一个伦理道德说教系统，也包含一些以史实为根据的社会政治内容。孔夫子本人从实质上说也是一位历史学家，他研究的重要对象之一便是在他之前各时代祭祀的形式。《论语》中有两处记载了孔子感觉史料不足的苦恼：我不知其细节，因为缺乏历史依据；如果史料充分，我就能恢复它们。还有一次他说他不知道究竟该怎样来祭天，如果有人知道，那么治理天下易如反掌。他说：

夏礼，吾能言之，杞不足征也；殷礼，吾能言之，宋不足征也。文献不足故也。足，则吾能征之矣。（见《论语·八佾》）

不管怎样，祭天这种礼仪持续了四千年。它所唤起的那种威严神圣的感觉基于这样一个事实：除其祖先之外，皇帝只向天跪拜行礼。而只有祭天这一场合，皇帝才面北背南向天顶礼膜拜而不是面南背北受人膜拜。另外，还有一个古老的信念，认为皇帝"受命于天"，他统治的期限也是天命决定的。所以，一氏王朝的衰亡是由于上帝已把"天命"传给了别人；当一个人在动乱之后成功地一统天下，人们便把他看作是"受命于天"的真龙天子。正因为如此，汉语"革命"一词最初的含义就是"天命的改变"，这与欧洲"天赐君权"的意思是一致的。

还有一些认识是与此一脉相承的：饥荒与干旱被看作"天怒"。如果自然界或人世间出现了什么不同寻常的变乱，如日食、干旱或社会动荡等，人们就会认为是皇帝受到了天责。据中国神话传说，公元前十八世纪尧帝曾祈祷天帝赦免其子民的罪孽，只归罪他一人。

这种朴素的思想方法与中国哲学的阴阳五行观念密切相关。根据这一理论，世界的安宁依赖于阴阳的调和。如果人世发生了流血杀戮等暴行，破坏了阴阳的均衡，自然界便会出现干旱、洪水和彗星等现象。

天坛是圜丘坛、祈年殿两部分的总称。冬至在圜丘坛举行祭祀。祈年殿俗称天坛，春天来到（立春）时在这里举行祭祀，祈求五谷丰登，故而称作祈年殿，它比圜丘坛高出许多。但皇帝的"大祭"是在圜丘坛举行的，其隆重与堂皇的程度只有泰山之祭才能比拟。泰山之祭是另一仅仅属于皇帝的特权。但是，除非国富民强、天下太平，并不是每一个统治者都会在泰山举行祭礼。而且，一个平庸的皇帝祭泰山，人们会认为他狂妄自负。各朝史书对皇帝出祭泰山的事情都有详细的记载。

在冬至前夜，皇帝就离宫去天坛祭天，行进队伍庄严肃穆。

为方便皇帝通过，紫禁城的午门与前门大开，这种场面是不多见的。皇帝的轿子由十六位贵族青年抬起，轿帘上绣满金龙，随从人员前呼后拥，大概有两千之多，其中包括王公大臣、亲随内侍，还有那五色斑斓的仪仗队伍。通过前门的道路已事先用黄土铺平，整个队伍在祭礼前一天的黄昏里静静走过。在天坛入口附近设有供皇帝当晚斋戒沐浴的斋宫，巨大的灯笼悬挂在祭坛的东南方，彻夜通明。灯笼架硕大无比，里边有一个人专门负责照看灯火。午夜才过，皇帝就起身沐浴更衣，等候黎明的到来。终于一切准备就绪，王公大臣在大理石栏杆围成的环形阶梯上整齐侍立，为祭祀精选的小公牛在阶梯下东南角的绿色烤炉上准备妥当，天神与当朝皇帝祖先的牌位摆放整齐。然后，皇帝才开始走向祭坛。他首先在皇穹宇做一番祈祷，并在那儿休息一会儿，接着向南登上通往祭坛的三层阶梯。他在祭坛正下方的中间阶梯上站好，这时古朴的圣乐在一些比较简单的乐器上奏出。在同一层阶梯上东边摆放着太阳、五大行星与二十八星宿的神位，西边是月、云、风、雨的神位。皇帝身边站着一个保管祈祷所用跪垫的侍者和一个"监察员"，其职责是保证整个仪式完全按照传统的形式来进行。后面站在皇帝下方的是王子王孙。

皇帝赴天坛拜天归来

祭祀时刻到了。皇帝登上台阶，站好位置，庄严肃立。他的正南方向摆着天的牌位，稍下方的左右两侧安放着五帝的牌位，负责祭祀与祈祷仪式的官员站在附近。皇帝诵毕祭文回到原来的位置。整个活动分为三部分，每部分完成之后都有音乐奏起。等到作为祭品的公牛献上之后，皇帝便走下台阶，回到他斋戒沐浴的斋宫。从形式到内容，祭祀活动的每一步骤都要严格完成，方位、步伐、栏杆数目有严格的规定，所有这些都具有一定的象征意义。

在这一祭祀活动中，蓝色是神圣的。天是蓝的，琉璃瓦是蓝色的，大臣们的制服与皇帝的龙袍也以蓝色为基调。五色、五行、五方（四方加中央）在阴阳学说里都具有其特殊的含义。

天坛与坐落在煤山上的两个低矮小亭相似，但其外形的庞大增加了它的雄伟气势。天坛上的坛檐所构成的线条绝妙地表现了其古典的美，沉静平实。在泰国和缅甸，这种艺术构思被过分发挥，檐角上翘过猛，与另外一些表现得过于夸张的装饰一样，弄巧成拙。

北京也有一些印度支那风格的建筑，它们是随佛教一起进入中国的，其中北海白塔是最为突出的代表。舍利塔本质上是僧徒的坟墓，安放僧徒骨灰的地方，是一个巨大的穹顶形结构，顶部形状各异。位于平则门内的白塔寺就是一个很好的典范。在规模与高度上，它与北海白塔是绝妙的一对，但由于它位处平地而不是建在山顶，所以并不十分引人注意。它始建于辽代，即公元一〇九二年，忽必烈于一二七二年进行了重建。与北海白塔相似，其塔基坚固，状如意大利红酒的酒瓶。塔的主体部分是一个十一层结构，上有一个卷边碟状的结构托起一个小塔。顶部小塔在古代是镏金的。外凸的塔檐上悬挂着风铃。忽必烈是一个虔诚的佛教徒，据说他用了五百多磅金子和二百多磅银子来装饰这座建筑，他还命人环绕该塔修建了一排白色大理石矮墙，衬上铜网，以免顶部有东西滑落伤人。康熙和乾隆皇帝时期，白塔寺得到了很好的保护和修缮，但如今的白塔已陈旧破败不堪，宽敞的寺院成了定期庙会的场所，成了废铜烂铁、水果蔬菜的交易市场。

佛教建筑的另一种形式，佛塔，也有两个绝好的代表：京城西北角位于郊区的五塔寺和西山附近的碧云寺。五塔结构曾经是一座寺庙的组成部分，但今天只是孤零零地矗立在野地里。明朝时，有一富裕的印度高僧（名班迪达——译注）带来了佛的金像和金制的"金刚宝座"作为礼物献给了当时的皇帝（即明成祖朱棣——译注）。那位皇帝非常高兴，所以就让那个印度佛教徒在这个地方按照金刚宝座的形状修建了五塔寺。寺庙于一四六五年竣工。塔基是一个巨大的方块，高五十英尺，周边饰有齿状边缘的佛像，设有台阶。在这巨大的方形塔基上坐落着五座佛塔，中央一座，四角各一，每座佛塔都由十一层构成。

碧云寺的佛塔是乾隆皇帝于一七四八年命人修建的。它的风格比较时新，也是同类建筑中最为完美的。佛塔本身及塔基周边的雕塑保存也比较完好。乾隆皇帝在此建塔是出于他对此地的偏爱，此处有他的行宫。塔身有十三层而不是十一层，而且人可以登上塔顶眺望周围的乡村，远处的北京城也尽收眼底。人们还能看到附近另一种风格的印度建筑，作为僧徒墓地的"道场"。

塔是中国风景不可或缺的组成部分。它是一种高阁式建筑，底宽顶窄，但与阁不同的是，它不用于居处，而用于表现佛学思想。当然，这种外来的佛学思想有时不可避免地受到了中国传统宗教的影响。尽管窄一些，但在层数、翘檐、窗户及顶盖的安排上，塔与阁是相似的。塔上的窗户只是具备窗户的形状，实际上不起什么作用，因为它们是不透光线的。阁的形状多种多样，有圆形的、六角形的、八角形的等等，塔亦如此。有时塔檐下悬挂风铃，给塔增添了一种修饰性的阴柔之美。

塔是用于安置佛之遗骨（舍利）的所在。塔基中藏有佛经。中国人认为它有镇邪制妖的神奇力量。建于十二世纪的杭州保俶塔于民国元年倒塌。人们曾相信塔下压着白蛇精，倒塌后，人们却发现塔下藏有数以百计的佛经。作为体现十二世纪印刷技术的样品，这些佛经颇为珍贵。至于舍利，是佛身火化后在灰中存留的残骨，据我所知，不过是一些蛋白石。印度僧徒知道这一点，中国僧徒却不清楚。这些闪闪发光的石头自然会使当时的中国人感到神奇。在广州北部一座古老的禅寺里，我有幸亲眼看到了一块装在盒里的蛋白石，这种殊遇是大多数观光者不敢奢望的。他们把那块小石递给我看时，神态极为庄重严肃。佛牙在泰国，但我从没听说中国哪个寺庙声称藏有佛骨，有的只是舍利。中国僧人接受舍利为佛骨的说法也是不难理解的，因为对他们来说，释迦牟尼的骨像珠宝一样放射出神奇灿烂的光芒是很自然的。

北京所有的古塔中，玉泉山的汉白玉塔是最著名的。该塔挺拔俊秀，俯视大地，在阳光下绚丽夺目。玉泉山还耸立着一座绿色琉璃瓦镶面的古塔。像瓷器的彩绘一样，这些瓦具有很强的装饰功效。一般的古塔，各层之间有大小相等的空隙，这座琉璃镶面的宝塔却不同，它的更高更大的塔层都是虚设的。第二层塔有栏杆环绕，栏杆下是最底层塔的两重顶盖。第二层塔也是两重顶盖，只是稍窄一些，上边是第三层塔的护栏。第三层塔是三重顶盖，只是更窄了一些，塔顶是一座大钟和一个倒置的碟状结构。整个古塔让人感觉它正像一颗冠状宝石。不远的狩猎园还有一座相似的琉璃镶瓦面宝塔，同样美丽。

天宁寺的宝塔是整个京城最古老的建筑之一，建于元朝以前的辽代。有些年代久远的古塔已经看不见了，如建于公元八世纪的悯忠寺塔。天宁寺古塔今天还耸立在外城的西门外边。天宁寺是我们辨认辽、金两朝都城旧址的依据之一。但它的始建日期要早许多，可以追溯到北魏公元四七二年，当时这里就有一座寺院。但以后各个朝代对它进行了多次修整重建，它的名称也一直在不断地改变。天宁寺有十二世纪的石刻和一尊大佛。明朝军队占领北京时，这座寺庙被烧毁了，但它在十五世纪又得以重建，规模加大了。乾隆皇帝在十八世纪又花巨资重建了该寺。天宁寺宝塔的塔檐上过去曾悬挂着三千四百个风铃，但大多数已经零落不见了。这座天宁寺和忽必烈建造的鼓楼属于北京未遭彻底破坏的最早古迹。

北京的古塔分白、黑、黄三种颜色。北城墙外的黄塔建于十七世纪。它是清朝第一代皇帝为首次来访的达赖喇嘛修建的，喇嘛及该教蒙古族信徒的座位依然完好。在皇家资助下，该塔得到几次扩建。黄塔的"黄"字源于喇嘛教袍的颜色，黄色代表他们的教派。该塔的圆顶是印度风格的，四角耸立着四根高柱，结构与印度的泰姬陵相似，但规模当然要小得多。该塔以其浮雕作品知名，因为年代较晚，所以这些浮雕保存完好。

如果把塔的顶部切掉一两层，那么塔便成了一种亭式结构，因为亭也可以具有几层装饰性顶盖。雍和宫喇嘛庙里低矮宽阔的

雍和宫僧侣合影

六角亭就是这类建筑的极好例子（雍和宫之所以叫作宫而不称作寺，因为它曾是一位清代王子的寝宫）。

不论在城市还是乡村，中国风景的另一个特色，是那种叫作牌楼的装饰性拱门。北京人看作四大参照点的四大牌楼是东单、东四和西单、西四，它们是纯属装饰性的牌楼。北京牌楼的最好实例是颐和园内正对昆明湖的那座，以及十三陵入口处的那座巨大的石牌楼。十三陵的石牌楼一直被称誉为最杰出的牌楼建筑，这不仅仅因为它的形状完美无缺，还因为它的体积庞大无比。当然体积大小不足以说明问题，这座牌楼的结构与色彩搭配也是无可挑剔的。天朗气清的日子里，玉泉山入口处的汉白玉门楼也是非常值得一瞧的。尽管它的规模要小一些，但在苍松翠柏的衬托下，这座洁白如玉的门楼给人以一种耳目一新之感。

我们已经说过了五塔寺墙壁上的浮雕作品。碧云寺与黄喇嘛寺的那些浮雕保存状况更好。北海彩色琉璃瓦制成的九龙壁浮雕更让人赞叹不止。这类以龙为主题的浮雕作品在中国非常普遍。

孔子老家山东曲阜孔庙石柱上的龙雕是最杰出的代表。龙雕也见于天安门外的华表之上。十三陵的龙雕更为精美。多见于寺庙与官邸门口的石狮也比较普遍，但由于简单复制的原因，这类作品大多流于俗套。要想见识真正具有创新意义的动物石雕，我们得去西安看汉代将军霍去病墓前的石马雕塑。这组与真人实物一样大小的出色作品产生于公元前二世纪。其中之一造型为一位汉人俯跨在马背上。这些作品是为了纪念这位闻名遐迩的将军征服土耳其斯坦而修造的。

中国的青铜作品出现于商朝，其中有些作品可追溯到大约公元前十五世纪，这一段时期的青铜三足鼎还大量存在，当然北京故宫收藏了一些最好的作品，鼎上刻印的文字可以证明其真实性。今天在北京，我们还可以看到东岳庙有名的铜马，其腰腿部分由于历代参拜者的触摸已经光滑闪亮（据说触摸该马可以带来好运）。距颐和园入口处不远，人们可以看见昆明湖岸上那著名的铜牛，这里还可以看见入口处那些古老珍贵的青铜狮子和万寿山侧湖岸上大牌楼处的狮子。不论在慈禧太后的颐和园行宫还是在紫禁城主要宫殿的庭院，人们都能看到一些青铜鹤和青铜狮。

北海白塔岛脚下团城内的雪花石佛像是中国雕塑的杰作。像其他伟大的艺术品一样，它通过眼神与微笑传达了人类表情的奇妙。在西方人那里，它以"面带蒙娜丽莎微笑"的玉佛而知名。

中国的塑像普遍为木质或泥质，这一点表明了中国人能严肃地对待宗教或他们的神，人们在许多佛寺里经常可以看到巨大佛像的头部是残缺破损的。中国人对神的这种漠然由来已久。规模较大、财力较盛的寺庙通常有一种特殊的罗汉堂，罗汉像的数目有时可多达五百，总是以它们各自不同的面部表情吸引人注目。罗汉不是常人，通常被认为具有超自然的神力，有些罗汉把自己打扮成叫花子的模样。所以创造者苦心经营，千方百计地赋予它们各具特色的表情。东岳庙和碧云寺都有这样的罗汉堂。北海西北角的"大西天"就是一个泥塑佛像群，但不幸的是这群佛像并没有什么特别令人称道的地方。最为珍贵的是一尊非常古老的檀木佛像，那尊佛像原在白塔寺，后来被康熙皇帝迁到了北海的宏业寺。它所用的木料如此坚硬，敲击时会发出金属撞击一样的声音。

　　中国陶瓷艺术的发展足以写成一本书，但我们在这里只能简单从事。从古典审美趣味角度来看，没什么可以超过宋代的白瓷花瓶与白瓷碗钵（汝窑、官窑，特别是定窑的）。在这一时期，印花青瓷也得到了发展。在皇家的资助下，明朝各种瓷釉的着色艺术进步很大。宣德年间（公元一四二六至一四三五）的景泰蓝以及成化年间（公元一四六五至一四八七）的瓷器都很有名。十六世纪末叶是中国陶瓷业百花齐放、兴旺发达的时期。不断发明、不断完善，这种情况一直持续到十七世纪康熙和十八世纪乾隆时期，那时皇家的赞助极大地推动了精美雅致作品的创造，其中最著名的是乾隆皇帝的"蛋壳细薄胎瓷"（eggshell porcelain）和其他一些古月轩器皿。

线条研究

绘画和书法

只要是运动，无论是白云的飘荡还是溪水的流淌，结果自然会是一道起伏波动的线条，艺术家的创作理当在这里获得灵感并努力模仿自然。

正是由于这一点，立体画派的笔直线条在中国人的眼里简直就是洪水猛兽。

绘画艺术是利用线条、色彩及构图来再现人生与物质世界之美。它表现的是现实生活，但又不同于现实生活，因为艺术家通过一定的取舍加工表达了他所希望表达的意义与精神。他可以把本来是丑恶阴暗的东西变成具有审美价值的东西。摄影家也要对他所再现的对象进行选择，摒除不必要的成分，以此来创造一种氛围、一种效果。在这种意义上，他的创作目标与画家是一致的。有了摄影艺术，那画家的工作是不是变得毫无意义了？因为画家描绘的自然风景或人物形象无论如何也赶不上照相机成像的精确程度，画家是不是应该急流勇退，退出这场必败无疑的竞争？这种认识实际上是对画家创作动机的一种误解。画家创作不单纯依赖其感觉，他要用心灵的眼睛来观察。

　　再现艺术存在的这一问题并不是新问题。十一世纪中国伟大的诗人与画家苏东坡就曾经说过："论画以形似，见与儿童邻。"艺术家对事物的看法与情感始终是一个最重要的因素。他担心的不是作品与自然在形式上是否接近，而是它与自然在精神上是否疏远。苏东坡就曾对他的表弟宋代大画家文同这样说过：他画竹时与竹同住，与竹神交，与竹同在风中摇曳，同在雨中欣喜。他说他画的竹子出自胸腹，在他醉酒之际从画笔尖上流溢而成。

我们中国人都知道，国画的关键在于运笔。这与中国书法同源异流，有相通之处。在中国，伟大的书法作品与伟大的绘画作品同被视为艺术珍宝。基于这一点，我们有必要先讲一点有关书法的问题，看一看它与中国画的关系。

书法之美从本质上说是一种动态的美，而不是静态的美；是一种运动之美，而不是比例之美。欣赏书法作品时，快感来自我们对作者笔势一种不自觉的追踪，尽管作品是由布局、风格、笔力几方面共同构成的。把书法解释为纸上舞蹈是恰当不过的，因为行笔讲究急旋突顿，讲究垂肩悬腕，讲究点画拖换，此外还要有击打网球一样的速度与精确度。网球选手的手腕稍有不慎就会把球打出场外。书法家也一样，失之毫厘，谬以千里。哪怕只有一丝一毫的差错，一般人也会看得明明白白，更不用说鉴赏家了。

中国书法一个最显著的特点是不喜匀称，因为匀称会使字显得呆滞死板，破坏字的动感。书法作品中，线条弯曲缠绕才能产生动感。比如说中文的"非"字，它的本意是"一对门板"，因为抽象的"非"的含义不好用形状来表示，所以借用了这个"非"字。一对门板当然是完全对称的，但任何好的书法作品都会打破这种匀称，写这个"非"字时总是一边比另一边长些，而本来应该垂直的两竖总会在顶部就出现差异以促成一种活泼的效果。一边变成大姐，另一边成为小妹，二者以这种方式构成一个整体。（两扇门板的字谜就是："一对姊妹，白日分离，夜晚相会。"）

第二，好字的根基必须坚实稳固。字的根基有时采用底座的形式，有时采用框架的结构，但采用垂直中轴的情况居多。所有线条，无论长短曲直还是轻重徐疾，全部围绕该中轴来设计。这样可以合理布局，可以避免繁杂拥挤，落笔时出于布局的考虑，以圆代方或拖长中线，那都无关紧要。书法作品要向行笔轻重、偏正、曲直中求线条的变化，线条整体上应该是一个动态的统一体，当然每个字本身也应该具备这一特点。

第三，用墨十分重要。这一点使我们接近了绘画的技巧，不同的流派完全是按照用墨与行笔的变化来区分的。书法家一般用墨稍干（日本艺术尤其如此），因为这种笔墨画出的线条能够清楚地表明运动的方向与速度。各家作品的鉴赏家与批评家根据作者落笔的方法就能辨认出他们的作品。不论是健毫（如狼毫）、柔毫（如羊毫），还是兼毫（人们喜用的兼毫由百分之七十的狼毫与百分之三十的羊毫制成），每种笔毫都可以用来创造许多不同的风格。从审美角度来看，艺术家追求的效果要么是一种纤秾绮

王羲之《十七帖》解析字帖

丽的美，像花枝招展的少女，要么是一种高古冲淡精神，如瘠枯苍老的隐士。字也有骨，有筋，有肉。用墨浓湿则多肉，否则筋骨刚健。这些是谈论书法艺术时使用的专门术语，在后面谈到绘画时，特别是山水石木作品，我们还会看到它们的实际应用。

第四，中国书画艺术的最基本法则是谢赫（公元四七九至五〇一）提出的"气韵生动"，这条法则一直受到后世的尊崇。由生动的线条体现出的气韵是书画艺术的精髓。这一原理源于"书圣"王羲之（公元三二一至三七九）的三折法，实际上也可以说纯系自然。儿童画的腿臂经常显得僵硬，原因就在于画得太直。他们意识不到四肢的活动本来具有一种内在的弹性，充满曲折变化。只要是运动，无论是白云的飘荡还是溪水的流淌，结果自然会是一道起伏波动的线条，艺术家的创作理当在这里获得灵感并努力模仿自然。正是由于这一点，立体画派的笔直线条在中国人的眼里简直就是洪水猛兽。

中国画大体上分为南北两宗。南派作画，笔锋纵横、迥出天机；北派作画，法度谨严、色彩繁富，很像西方中古时期绘画。这大体上接近"文人画"与"画院画"之分。文人画以"随笔"或"写意"著称，讲究简练潇洒，是中国画最典型的风格。

作品题材在很大程度上决定作品的风格。室内画与贵族男女肖像画当然需要明晰细腻的工笔，例如室内的梁柱画得歪斜扭曲显然是不可以的。但另一方面，画山水树石、自然景物便需要气韵生动的书法技巧。

中国画家对自然如此专注，以致我们在他们的作品里找不到一张像样的肖像画。当代流传下来的肖像画在他们看来并不是艺术品，它们大多出自以赚钱为目的的工匠之手，画的人物也只不过是能付得起钱的男男女女。

中国画从题材上大致可分为山水、花卉、昆虫、仕女四种。仇英（公元一五〇一至一五五一）善画仕女及其悠闲自在的家庭生活，是这类绘画的最佳代表人物。宋徽宗赵佶善画鸟，可能是他鸟吃得太多的缘故吧！八世纪画家韩干以画马著称，但即使他作为动物画专家与卡斯提利尼（Castiglione）[1]相比，也要逊色不少。西方画家的解剖学知识及其对动物形体的研究，加上精湛的笔法共同造就了曾留学法国的现代杰出画家徐悲鸿。另一位现代动物画大师是齐白石，擅画虾、鼠、鸡、虫及其他一些小动物。

早期以人物画见长的画家有顾恺之（公元四世纪）与周昉（公元八世纪）。周昉的李白像以其线条的简洁而闻名。中国最有名的人物画家当推吴道子，他是唐朝的一位道士，目前流传下来的作品种类繁多，有寺庙壁画也有石刻。吴道子特别以

浦塘秋影图　石涛

---

① 应为"郎世宁"。

其简明流畅的线条与所画人物衣带的褶皱而著称，在这方面他是自成一家的。中国风景画中的人物皆以简单的曲线勾画出小小的轮廓，这种造型法则在李笠翁（李渔）的《芥子园画传》（一六七九）里有阐述。该技巧最突出的运用实例是石涛的作品。詹姆斯·卡西尔（James Cahill）在《中国画》（*Chinese Painting*）一书里对石涛的作品进行了重点论述。石涛的作品充分表现了作为八大山人及石涛派风格基础的"古绝"之感，这种风格全无柔媚艳丽之态，达到了一种精绝的意境。它的发展正如一位放荡了一生的人，熟谙女人的万种风情，现在却准备入庙为僧，大肆忏悔。他老于世故，却能跳出凡尘，超然世外。

山水画的风格是变化无穷的。与书法艺术一样，当山水画家想要改变风格或推陈出新、独辟蹊径，他们往往通过变换笔法或改变线条与构图来实现。从时间上追踪风格的转变总会冒很大的风险，因为我们赖以为据的都是人工划定的年代，在各流派之间划定武断的界限。实际上，"南宗"与"北宗"之分并非铁板一块，各代画风之别也是如此。贴上诸如此类的标签，学者觉得便于他们的研究，艺术家本身并不知晓他们究竟属于哪一流派，是在仿效谁人的风格。徐渭（徐文长，公元一五二一至一五九三）画竹的风格与笔法极似苏东坡，可苏在年代上比他早了五个世纪。在中国艺术中，精神气质的相近远比时间年代的巧合更为重要。

知道了这一点，我们便可以说，到十和十一世纪时中国画的风格已经相当完善了，用笔细腻、色彩确当。许多作品的构图并

蕉石图　徐渭

不新颖，但表现了很高的审美意识与色彩运用技法，如《秋林群鹿图轴》和公元八世纪时《春野八骑》等图皆如此。在《明皇幸蜀图》这幅作品中，粗犷的线条与神奇古异、蕴藉深厚的景色相结合，创造了一种不同凡响的艺术功效。无论水墨还是水彩，各种风格的绘画在北宋时期达到了顶峰。其时名流辈出，且大多彼此相知：苏东坡与李公麟、米芾及宋徽宗皆身手不凡。徽宗皇帝丧失了帝国，却创造了一个神奇的艺术殿堂。苏东坡的天才对文人学士画的影响极大，通过书法艺术与崇尚自由的精神，也许还有美酒的帮助，使他成为写意画派的开创者。米芾实际上也创造了中国画史上的一种风格。他利用水墨渲染的方法烘托出烟云雾霭中的风景，云山烟树，风雨迷离，"米点山水"，妙趣横生。他对大自然的热爱到了如醉如痴的程度。据说他曾在某处看到一块形状奇异的巨石便整衣正冠，叩拜顽石并尊石为"岳父泰山"。

苏轼与米芾（及其子米友仁）之后不久，又产生了两位画坛巨擘——夏珪与马远，他们皆生活在十二世纪南宋初期。这两位时代巨匠，综合前辈的艺术经验，再创一派画风。他们善将复杂的景色加以高度的集中与概括，用空白制造一种空旷神秘的意境，喜取片段小景放在广漠的空间进行描绘，山石构图简洁有力。最为重要的是，这时又产生了一种更为遒劲的笔法，以致线条仿佛比画面设计更显重要。说来也怪，由于强调某种苍老瘦硬的线条而忽略了画面设计，使夏珪的画别具一种深长绵永、气韵高拔的品格。即使是他画的瀑布，落水线条虽然不显新颖，但也让人感觉到一种坚实稳固的效果。同时，他的构图也是无可挑剔的。现存故宫的夏珪《江山清远图》是古画中最为人称道的作品之一。在这幅作品中，人们已能看出一种新技法的诞生。马远与其子马麟的画风与夏珪类似。

在十六世纪，仇英与唐寅的画风与"画院派"画家最为接近。他们似乎喜用宫廷、社会生活、屋舍园林为题材，格外注意色彩与细节的安排。他们的作品技法高超，却缺乏马远、夏珪作品那种昂扬奋发的精神。相反，徐渭的作品却反映出一种纵横奔放、恣情汪洋的创作渴望，他的画与诗都显示出这种不能自抑的冲动。

十七世纪初期，八大山人与石涛又新创一种意义深远的画风。在中国画史上，他们亦属中国最伟大的画家之列。八大山人是朱耷（公元一六二六至一七〇五）的号，石涛（公元一六四一至约

山水　八大山人

一七一八）也称道济和尚，二人皆为明朝宗室，又同样出家为僧，也许是出于对清朝统治的反叛，二人过着一种隐士的生活。这两位大师的作品，笔墨精练、淋漓痛快，自成一格，八大山人表现得尤为突出。其笔法变幻不定、丰富多彩，让人觉得是画笔在恣情发挥，无拘无束。他有时画鸟，故意画得形象怪诞、表情奇特。考希尔对八大山人曾做过贴切的描述：

> 无论他的画给我们以怎样的漫不经心、笨拙粗野的印象，我们都要明白那完全是他刻意用心所为。在中国绘画艺术中，也许没有比他的线条更接近于完美的了。其用墨浓淡相宜，色彩十分明显。他用墨有时如此浓湿以至于墨迹边缘会变得模糊不清，有时又如此淡薄疏散。他的笔法虽然多变，但其中有一种贯穿始终的特性表现得如此清晰。我们绝不会把八大山人的作品同他人的作品混为一谈……他的作品精密严谨，但他遵循的是一种新奇独特又略显神秘的原则，与普通的绘画法则并无牵涉。

虾　齐白石

现代绘画大师齐白石可称是继承了八大山人的衣钵。石涛与朱耷某些形状怪异的花鸟对他的启发似乎是直截了当的。例如，白石老人画鸡，有些简直就像是漫不经心的点画，却生机盎然、活灵活现。在某种意义上也许可以说，白石老人与他的先辈们共同创造了一种艺术形式，把中国画风从写实主义解放了出来。

玖

民众生活

北京的生活节奏总是不紧不慢，生活的基本需求也比较简单。

当然，和其他地方一样，那里也有残暴不仁的工头，也有提心吊胆的商人和卑鄙下流的政客，但整体上说，北方人的生活态度是朴实谦逊的。

我们在前边已经提过北京的胡同与小巷。它们避开了宽敞的大路，但距离主要的街道又不算太远，为北京增添了不少的魅力。北京城宽展开阔，给人一种居住在乡间的错觉，特别是在那秀木繁荫的庭院，在那鸟雀啾啾的清晨，这种感觉更加强烈。和繁忙的大道不同，胡同纵横交错，彼此相通，有时也会出其不意地把我们引到某座幽深静谧的古刹。胡同里听不到车马的喧闹，除了偶尔有几个人力车跑过，绝没有大车小辆的嘈杂纷乱。胡同里有时也可能看见三五成群的孩子在玩弹子游戏，或走街串巷的小贩打着铜锣叫卖捏成小猫、小狗状的糖果。所有的人家都是高墙护院，大门紧闭。即使是开着门，院内也必定有漆成绿色的屏风挡住外来的视线。

　　胡同的名称最能体现其具有乡土气息的特色与风格。它们的名称多由当地居民所起，因此总是那么生动形象。名字用词全是方言土语，并不求风雅。如"羊尾巴胡同"，不用文绉绉的"羊尾"而用"羊尾巴"；还有"马尾巴胡同""牛犄角胡同"以及"弓背胡同""弓弦胡同"等等，这些名字得自胡同的形状。其他一些名字也同样简单，如"甜井""奶妈""竹竿""小哑巴""大哑巴"等等。但这些名称的写法多少经过了一点儿加工，用了一些同音异义字。如"大哑巴胡同"写成了"大雅珍巷"，关键的词用同音字替换了。外国公使聚居的"东河米巷"则改成了"东交民巷"。"干鱼胡同"写成了"甘雨胡同"，发音完全一样。还有一些名称得自行业或以某种货品出名的店铺，如"赵氏锥子巷""灯市"等等。

在北京和在中国许多别的城市一样，单看门脸儿，你无法断定一户人家的规模，因为门脸儿是故意修得让人上当的。"藏财不显财，显财招盗来"这一观念在中国人的头脑里根深蒂固。除非观察围墙的长短，有时可以借助房屋卷檐的顶盖，否则你无从知道一户人家的真实情况。有些人家装上朱红大门，镀金门环闪闪放光，门口可能还有两尊石狮，这些当然是大户人家。但绝大多数人家喜欢小门，而且在门后还修个屏风，漆成绿色，把里外隔离，外边的人绝看不见里边的情况如何。幽静孤芳是中国人住宅建筑的最基本指导思想。家是专属家人与密友的地方。

中国人住宅的设计形式比较单一：一个砖石铺地的院落提供一个幽闭自守的活动空间，完全与外界隔绝。宽敞的院落有足够的活动空间，根据主人的条件可能点缀着假山花木，也可能只拉一根线绳晾晒衣服，但一个约两尺高的金鱼缸总是不可或缺的装饰。简朴的人家也许只栽一棵枣树或石榴就算了事。

每座庭院都自成一体。大户人家意味着庭院众多，这些庭院由带有顶盖的走廊连接在一起，这些走廊一面有墙，半开半闭，中有月亮门或六角门与别的庭院相通。一座庭院实际上相当于楼房的一个"单元",有寝室、有书房、有会客室,也有厨房。所以在中国,妯娌住在一起是可能的。她们同住一座大院,共走一个大门,虽然每家并非完全独立,但各行其是,不受他人打扰。

中国的花园总要给人一种惊喜,一览无余是绝对不可能的。游园的人可能以为自己已经来到了花园的尽头,但突然出现了一扇小门,门外曲径通幽,别有洞天,或许又会看到一座小园儿,中有菜地一片或葡萄几株,独木桥横跨小溪。有些豪门大院装修更为复杂,设有石亭露台。有一家的亭阁三面环绕荷池,那里从前曾作为演戏的舞台,家人与亲友坐在对岸一座厅里观看演出。但在一些贫民聚居区,常是几户人家合用一个大院。大院总是长方或正方形,房子有正房与东西厢房之分。

北京人,有些是身高六英尺的满族人,强壮、纯朴,具有北方人土生的幽默感。他们与上海油腔滑调、略带女人气的男子和娇弱的女子明显不同,与那座现代港口城市里近于野蛮的人力车夫也不一样。正因为如此,许多西方人认为只有参观北京才能了

老北京火车站

解真正的中国人。当然，实际上没有什么"真正的"或"纯粹的"中国人，但种族的差异总是存在的。我是东南沿海的福建人，但我对江南地区那种柔弱懒散的人们没有多大的好感，虽然他们的文化更为发达一些。对气质纯正的北方人，我却充满了由衷的倾慕。北方的中国人也许得益于北方各种血统的融合，得益于汉人与来自蒙古人和鞑靼人的通婚。否则的话，这一族人的活力也许不会保存到今天。北方的文化虽然也有了一定程度的发展，但北方人基本上还是大地的儿女，强悍、豪爽、没受多大的腐蚀。

北京的生活节奏总是不紧不慢，生活的基本需求也比较简单。当然，和其他地方一样，那里也有残暴不仁的工头，也有提心吊胆的商人和卑鄙下流的政客，但整体上说，北方人的生活态度是朴实谦逊的。他们的基本需求简单无几，只求过一种朴素和谐的人生，居室差强人意，谋生手段简便顺心，家人忠诚团结，舒适的床铺与足数的饭碗，再加上些许零用钱，这些就构成了他们心满意足的人生。不必大富大贵，养成好吃懒做的恶习，当然也不能缺衣少食、忍饥挨冻，这是一种传统的中产阶级生活理想。在求生的奋斗中，有一种亦庄亦谐的情感起主导作用，但追求远大的目标理想时，北方人也不受它的羁绊。这种极难诉诸文字的精神正是老北京的精神。这种精神创造了伟大的艺术，而且以一种令人费解的方式解释了北京人的轻松愉快。艺术当然与现实有着千丝万缕的联系，艺术家却以一种超然、自足，甚至是一种近乎放任的态度来对待它。伟大的艺术家坚持认为"古朴"是真正艺术的基石。艺术题材本身就是一种极好的体现。在前一章，我说过齐白石就总是选择青蛙、蝌蚪、蟋蟀、游虾、蚱蜢、鼹鼠、八哥等诸如此类的小动物作为作品的题材。白石老人几年前刚刚去世，享年九十六岁。他对这些低等生命的专注格外引人注目。现代西方艺术家试图剖析描绘急剧分崩离析的宇宙那种惴惴不安的努力在这里根本看不见。这也许能说明北京那古老的文化为什么能一直保存着思想与情感的清纯。这在文明世界是不多见的。

马可·波罗在很久以前曾对北京人做过这样的描述，当然他说的北京人是生活在几个世纪以前的。他这样写道："他们的谈吐谦恭有礼，相互间的问候也是礼貌周到、笑容可掬，看起来具有很好的教养。他们吃东西也绝对清洁。"（这里我想补充一点：马可·波罗所说的清洁应该用我们现代的标准来衡量，而不是他那个时代的中世纪标准。）"他们很敬重父母。如果有哪个孩子冒犯虐待老人，公共道德法庭会严厉惩罚这种不敬不孝的罪行。"（严格地说，今天的情况或许不太一样了。）

马可·波罗还提到中国人一个至今仍普遍存在的习惯。"当今皇帝禁止各种形式的赌博与欺骗活动。这个国家的人们对赌博特别上瘾，甚于世界其他地区。作为限制他们赌博的一个理由，这位皇帝曾这样说：'我以武力征服了你们，你们的一切理当为我所有。你们如若赌博，那就是在糟蹋我的财产。'"他这种反常的态度与一个发明了纸牌、骨牌、象棋、麻将的民族的精神气质格格不入。对赌博的偏见基于一种对生命，特别是对人生的无知。忽必烈可能根本不明白这种人生哲学，他没有认识到生命本身就包含许许多多意想不到的把戏，以为事情总是以人的意志为转移。实际上，赌博是在赌运气，可每一个赌徒都认为他还要靠技巧。

在一个绝对安定的社会中，个人的奋斗、冒险找不到出路，人们便会变得神志萎靡，意气消沉。

与其他城市一样，应人们的需求，北京也生发了各种娱乐形式。北方的中国人天生乐观好玩，喜欢互相打趣，也喜欢自嘲，所以，北京城的娱乐形式种类繁多、数不胜数。

最简单的消遣形式是在茶馆或小酒店坐上一两个小时，用不了几个钱，谈天说地，怡然自得。出名的娱乐场所多的是，如前门外的天桥，歌曲、音乐、女人、拳术与杂技，应有尽有。戏院通常是露天的或坐落在院子里。与英国伊丽莎白时代的戏院一样，戏台三侧围着看台。同现代的设计相比，当时的戏院的确简陋寒碜，但戏唱得令人叫绝。梅兰芳等伟大艺术家过去常常在东安市场里的小戏院演出，而不是在雄伟辉煌的大歌剧院。那里的板凳摇摇晃晃，没有通风装置，连喘气都费劲。但环境艰苦似乎并不影响观众的兴致，喊声、笑声不断，引座员，或者说是招待员更精确一些，把毛巾拧干，抛给观众，在空中飞来飞去。

我们所说的京戏是北京的一大特产。严格地说，那是一种歌剧，并不是戏剧，二者有很大的不同。人常说"听"京戏而不是"看"，人们欣赏的是京戏的唱，并不关注剧情是如何发展的。也同西方歌剧一样，剧的故事情节是人们熟知的，也许在舞台上看过上百遍了。人们期望听到一首脍炙人口的咏叹调，唱得炉火纯青。在京戏中，演员的程式动作与唱腔一样为人所知。它们由台步——一种特殊的步法，抖袖、转眼、捋须及笑法等构成。笑法种类繁多，有愤世悲凉的笑，有憨傻痴呆的笑，有幸灾乐祸的笑，诸如此类举不胜举。这些表演技法都有程度不同的严格规定，演员必须仔细研究，因为北京的观众熟谙此道，格外挑剔。业余水平的演员会被观众哄下台，因为观众非常清楚一种唱腔该怎样完成，何时、何处该用何种笑法，这些标准是绝对精确的。与大多数西方剧种不同，京戏不是专属少数富人的娱乐形式，它是为广大民众服务的，这一点与意大利的情况相近。

成千上万的京剧业余爱好者熟记各种各样的曲调。戏迷在北京的大街小巷随处可见，哼哼呀呀，如醉如痴。大庭广众之下，他们模仿戏中的各种历史人物，用唱戏这种方式表达他们的悲愤失望或豪迈尊贵。他们或许真的以为自己如关公般英勇无敌，或许以为自己受了天大的冤枉，甚至以为自己是一个遭了欺骗的女人。与其他各种迷狂一样，管他是歌剧狂还是蟋蟀迷，是斗鸡狂还是赛马迷，京戏迷也到了疯狂的边缘，戏是他们生活中不可缺少的成分。为了练嗓，他们常去城墙边吊嗓子。吊嗓子通常在清晨进行，尤其是夏季。

有一点我们要格外注意，北京居民的娱乐形式并非只有京剧一种。如果你到了公共娱乐场所，你就会发现秦腔或陕西梆子也同样流行。这种乐曲具有典型的西北风格。它所唱的主题一般为爱情或悲剧故事，音调高亢悲伤。京剧本身也是两种曲调——西皮与二黄发展与融合的结果。唱词的发声是带有二黄发源地湖北方言色彩的古音，所有的演员必须学会这些唱词的准确发音。京剧以演有名的历史故事为主，有战争的故事，有夫妻离散或破镜重圆的故事，有真诚友谊的故事，也有男女忠贞不渝的爱情故事。有部戏剧的故事基本和尤利西斯与珀涅罗珀的故事相同：离家远征多年的战士回来后试探妻子是否对他忠贞。这出戏也吸收了民间传说中的喜剧小品。

还有一个和京剧有着密切联系的剧种叫作昆曲，起源于上海附近的昆山。昆曲的伴奏乐器有笛、管、笙、箫及低音二胡等。由于起源于南方，昆曲曲调柔和，总带几分感伤。南方的戏曲在十五、十六世纪已经是一种高度发达的艺术形式，所以昆剧一般说来也比较高雅，艺术标准当然与京剧也有所不同。在西方，人们认为梅兰芳是北京戏曲界最杰出的代表，其实他的许多凄婉悲哀剧目，如《天女散花》《贵妃醉酒》是用昆曲曲调演唱的。

作为一个大都会城市，北京的餐馆也同样出名。中国菜谱多得数不过来，但在我看来，与其他任何省份的菜肴相比，北京菜仍为"正宗"，也就是说其风味纯正鲜美。它保留了肉的原味，不像广东菜那样乱用五花八门的调料。正像教育应该开发一个儿童的长处一样，正宗的烹调应该以开发各种肉禽的独特风味为目标。

北京有些餐馆综合了当地与山东菜的特点，其中最有名的是东兴楼。其他菜系在北京也得到了很好的体现，如川菜以麻辣著称，风味讲究、源远流长；蒙古风味的涮羊肉做法简单、口味醇厚。广东菜在北京似乎一直没有兴盛起来，大概竞争太激烈了。

几个闻名遐迩且富代表性的餐馆很值得一提。第一当然要数东兴楼，一家具有二百多年历史的山东菜馆。它坐落在东华门外，那里的服务方式令人格外愉快。我们知道，饭要想吃得优雅称心，服务是十分重要的。这里是从前达官贵人上早朝的必由之路，而他们总会在回来时想办法光顾这里。这里谦恭机敏的侍者具有一

北京东安市场门口的小摊

种特殊的才能，他们始终能让顾客感觉自己非同小可，更何况这里的菜肴鲜美无比，简直让人无法抵御它的诱惑。吃了东兴楼的芙蓉鸡片，你会情不自禁地感到那只鸡真没有白死。

第二恐怕要推正阳楼，那里的羊肉与蟹最出名。烹调用蟹是在一个特殊的池塘里用鸡蛋喂养的。羊肉是地道的北方菜。在户外露天吃正阳楼的烤羊肉，顾客围烤炉站立，也许一脚蹬着炉架，用筷子夹着一片薄肉片，蘸上特制的作料，从烤炉架上现吃现夹，肉味绝没有丝毫的损失。

顺治门外便宜坊的北京烤鸭也同样有名，那里制作烤鸭的方式闻名世界，那不太人道的强制喂鸭法也为人所熟知。鸭子关在暗处不管想吃不想吃，把一种营养料团不时地硬塞进它们的喉咙。用这种方式喂养鸭子，鸭子体重增加较快，肉质也极为细嫩。

西门附近的砂锅居卖猪肉和猪身上的各种零碎。有些器官，如猪鼻子、猪耳朵、猪尾巴等数量有限，所以通常在上午十点左右就卖完了。你要想买这些珍馐美味，那得早早就去。最后还要提一下，位于花市东口的明远楼的牛肉也非常有名，自养肉牛，宰杀一条，补充一条，已有一百多年的历史了。

皇帝的体育活动从侧面也反映了古都北京的生活情况。隋唐及以后各朝的历史文献都提到了一种球类的游戏。我想那是一种类似足球的运动。大名鼎鼎的唐明皇不仅弓马娴熟，球艺也不错，他做皇帝之后提拔的年轻人中有些就是他做王子时的球友。现已发现的唐代泥人中就有刻画女子骑马玩球的作品。古代绘画中也有表现八世纪宫女骑马的作品。

驯鹰也很流行，特别是在蒙古人统治的元朝，忽必烈汗在他的宫殿西部建有鹰房。当时的王公子弟也都有各自的猎鹰，有些猎鹰个头很大，经过训练可以捕杀幼鹿。中共主席毛泽东在他著名的词作《沁园春·雪》中曾嘲讽成吉思汗"只识弯弓射大雕"（他同时还指出中国历史上另外两位了不起的皇帝——汉武帝与唐太宗"稍逊风骚"，这两位皇帝把中国的版图拓展到了里海地区。他在那首词中还说道："数风流人物，还看今朝！"）。驯鹰这种活动一直延续到现代，本世纪二十年代我在北京居住的时候，常见一些八旗子弟的后裔以养鹰、驯鹰为乐，他们外出游玩时胳膊上常蹲着一只或几只训练有素的猎鹰。八旗子弟指的是那些跟随清朝第一个皇帝进入华夏的满族旗人的后裔。

另外两种北京特有的流行体育活动是太极拳和羽毛球，它们可以真正称得上是两种体育运动。像英格兰拥有板球俱乐部一样，北京拥有羽毛球俱乐部。白胡子老头儿打羽毛球也可以说是北京一景。

大清早在中央公园，你有时会看见男男女女在老柏树下练太极拳。太极拳是一种缓慢有序而又富于节奏的运动，同时也要求

呼吸有条不紊。出手不讲迅速，而是要求胳膊伸展、回旋柔缓而
有节奏感；出脚不讲猛踢，抬腿要轻巧稳健，同时，整个身体如
头、肩等活动也要协调一致。慢伸胳膊当然要比快伸难，因为它
需要更加细腻的肌肉控制。呼吸的平稳与调节也很重要，这种活
动旨在使全身得到锻炼。

其他比较流行的娱乐形式还包括养鸟。饲养家鸽在南方比较
盛行，在北京却不然。在城里许多地方，你常常可以看到许多人
聚集在寺庙空场，每人手里都提着一个鸟笼子。把鸟儿带到一起，
小鸟儿便会从其他同类那里学会鸣唱。

斗蟋蟀一直很盛行。大概在十三世纪南宋时期，宫中女子如
此热衷斗蟋蟀以至于这种游戏举国风行。据史料记载，蒙古人
已经打到了南宋都城——杭州的外围，当时的宰相贾似道还在玩
蟋蟀。

歌妓总是城市生活的一个组成部分。在北京，直到共产党人
把她们变成有用的劳动者之前，前门外的一个红灯区是她们聚居
的地方。从唐代开始，历朝都有自己的乐师，性质与御用画家相
同，唐都长安歌舞艺人活动的场所名见经传，许多诗人为她们吟
诗作赋，进京赶考的年轻学子有许多人与她们共坠情网，这些令
人销魂的歌女有时会改变他们的人生，对他们影响极大，有的甚
至使他们身败名裂。但说来也怪，这些学子有时却也在她们中间
找到了纯真痴情的恋人，鞭策他们奋发向上，她们中有些甚至为
他们事业的成功牺牲了自己。

北京的红灯区由八条胡同组成，俗称"八大胡同"。为方便客
人寻欢，每屋每堂的女子名号都由不同的色彩写在木牌上，分别

陈列在门口的大红灯笼下。这样，来客能够准确无误地找到他们要找的人，管她是"金凤凰"还是"小莲娃"，绝不会弄错。

　　这些歌妓与普通的妓女不同，她们形成了一个独特的阶层。她们的教养与日本的艺伎相似，纯属演员，擅长歌舞，有些也懂调琴弄瑟，但为数不多。中国古代封建社会，除非家宴，妻子一般不同丈夫在公共场合抛头露面，男人可擅自在外找舞姬歌女玩乐。这些女子与苏格拉底时代的希腊交际花相似，通常被请来为宴会增色。她们在客人身后，或坐或立，执杯劝酒、花言巧语、嬉笑谐谑，应客人之邀，吟歌唱曲。男士们也可以去她们的闺阁品尝瓜果、饮茶闲谈，坐上个把时辰离去，这叫"打茶围"，如此则男人一晚可去几处谈笑玩耍。这些女子的品行与现代夜总会的歌女舞女差不多，基本上属于"卖艺不卖身"。她们与常客结成伉俪或同有妇之夫谈情说爱的情况也不少见，但除非本人愿意，客人无权提出更多的要求。风雨交加的夜晚或客人饮酒过量，他们也可以留下过夜，这叫作"借干铺"。

　　如果两人之间建立起了更亲密的关系，性行为也是允许的，但这要么是女子爱恋对方，要么是由于鸨母认可，因为他的钱也花到份儿了，应该得此殊遇。另一方面，与某个堂院关系密切的男子通常要尽其所能帮助支付开销。至于以什么名目出资，那并不求明确，买点儿珠宝首饰，添置几件新衣，或许付几份账单，一年三大节，除夕、端午与中秋，在馆子吃几顿饭是常事。出资的数目也没有规定，当事者却不能糊涂，他心里得明白在这里要了半年要用多少钱，钱要花得够数，不然下次来访就免不了要坐冷板凳了。曾留学柏林与爱丁堡的辜鸿铭是一位年高德劭的学者，有一次让他的英国同仁吃惊不小。他告诉他们说，一个人要想真正了解中国文化的精神，他必须去"八大胡同"亲眼看一看那些歌妓的优雅、殷勤及其妩媚娇柔，但又不失尊严的风度，特别要注意污言秽语会多么让她们脸红。

索价收费是一件极其微妙的事情，要尽可能做得不使人反感。过一夜要价多少，鸨母可能从没想过这个问题，如果在一位女子面前提这种事，那会把她羞死。相反，鸨母会以某种众所周知的借口来向女孩的朋友"借"钱，"借"的数目会表明来客在此逗留的期限。这是典型的北京风格。

除去一年三大节日之外，鸨母还可能根据你与她们的关系程度额外再"借"一点儿。借口是夏天到了，需要搭个凉棚遮遮太阳；秋天来了，需要添炉子或糊窗户。至于她是否真的搭了凉棚或买了炉子那并不重要。做衣服、买首饰是常事，拿多少钱那还得看你与她们的关系及财力而定。当然也有一些乡下来的"蠢货"，钱花了上万贯却仍然得不到女子的青睐。

有关妇女服装的问题，在这里插上一笔或许是必要的。西方游客倾向于从正式的官服上得出关于中国服装的概念，便是在发红的锦缎质料上绣金线。看一眼古代的绘画作品就会消除这种认识。画像时所着笔挺庄重的服装是一回事，日常生活中所穿的衣服是另一回事。总体上说，女士的服装绝不像官服那样刻板。它们大多由柔软贴身的丝绸做成，长袖飘然、线条流畅，圆领或 V 形领开得很低。宽松的开襟长袍之下穿着一件近于抹胸的小袄，至少有点像一件带欧仁妮腰身的晨衣。唐、宋、明绘画作品的情况基本如此。仇英的仕女体现得最为明显。

　　女子的发型大多为高髻式，形状各异，上边饰有金钗玉
簪、珍珠头坠或翠鸟羽毛。初唐绘画作品中，女子的面部轮廓
（椭圆形）与发式让人想起日本的女子画像。毫无疑问，唐代艺术
家对日本绘画的影响是由公元八世纪来长安留学的日本学者（主
要是佛教徒）促成的。

拾

信仰和情趣

中国人令人最先提及的特性便是对土地的依恋，北方人尤其如此。

他们的简朴、自然、乐天、温情，虽历经百代沧桑而不易。

这一特性的另一体现是他们的信仰、情趣中某种程度的原始性和思想上的某种天真性。

中国人令人最先提及的特性便是对土地的依恋，北方人尤其如此。他们的简朴、自然、乐天、温情，虽历经百代沧桑而不易。这一特性的另一体现是他们的信仰、情趣中某种程度的原始性和思想上的某种天真性。但他们的社会交往，为不伤和气而采取圆滑态度，显示出他们远非头脑单纯。那种迂回周旋给社会交往造成了一定的困难。在这个特定方面，中国人将西方人的率直视为"傻"。可是在中国人的民间宗教中，他们又确实表现出文明初期人类的天真特征。

　　在广泛流行的宗教中，这一特征皆有显示。我所说的流行宗教，是指从人们头脑中自发生出的宗教信仰，这种信仰与各大主要宗教的特有教义并无关系。神话在所有古代民族中的繁荣和在现代人类中的消亡便是这种差异的标志。

　　当然，所有的民族都从需要出发，在想象中创造着神祇。实际上，人们都要求他们的神按照自己需要的方式去行事。有一个突出的例子可以说明这一点，那就是流行于民间的中国人的观音，我们的慈悲女神，大苦大难的救主。她是中国人创造出来的佛教先圣，原本是一位男神。人们本需要一位女神，可是早期佛教却错过了这一节，因而中国人便造出了她。观音的普及性表明了人们是多么需要崇拜一位女神，她的用心就是救助穷苦与不幸者。后来，这位女神又由于崇拜者们的需要，逐渐具备了许多不同的神能。有一类观音有赐子给不孕者的特殊神力，另一类观音又专门使盲者重见光明。在人们需要神的时候，什么也无法阻挡他们去创造这些神。

无论中国所行的三大宗教——儒教、道教、佛教如何宣传教义，中国的民众主要还是信仰多神教，而且在很大程度上信仰万物有灵。二十世纪的人很容易误解流行宗教，因为他总是倾向于把科学真理的标准套用到源自诗性想象的宗教信仰上去。不论什么——一段传说、一段神话、一个美妙的比喻，甚至一句双关语——都可用来说明一种真谛。正如在孩子们中发生的那样，上古之人的想象是更为敏感、更为生动的。对他来说真实的东西往往便是能愉悦他的想象的东西。这种态度颇似现代人对于某些迷信的感情——如十三日与星期五同在一天的日子，或走过一架梯子的下面。很少有人存心判定这类迷信的是非，而大多数人，包括那些信教的人在内，都对这类信仰持一种宽容的态度，而且视迷信为很有趣的事情。也没有任何人会一口咬定这都是真实的，人们的态度多半以为它们或真有其事，或无论真假都无关紧要。大多数人都会说："避开星期五与十三日交合的日子也许不无道理。"神话总是产生于人的自由想象，这想象者还往往有诗性的头脑。被感觉为诗意的东西多是用宗教的语言来表达的，直到后来的世代，那些学究的头脑才去把它们探个究竟。而且，他们还发觉自己遇到了麻烦，就像他们在探究世界上一切罪恶的根源时遇到的那样。在某种意义上，这种诗性想象的才能在现代人的头脑中消失了，这实在是件憾事。这样一来现代人凡事都要求证明是真还是假，显然没有中间道路可走。就这点来说，我们感到愧对华滋渥斯，因为我们再也无法"看到大海中跃出的海神普路提厄斯"了。

信仰的这种滑稽之处是中国人头脑中的一种特性。尤其是西藏的人们对他们的神祇极为虔诚，而别地的中国人从没做到过。从北京人的信仰中略举数例便可印证这一点。北京内城有九座城门，其中八座配有铜锣巡城，可是靠近哈德门（今崇文门）的那座门却只有铜钟。哈德门附近还有一眼水井，传说井中的蛟龙有一天会从井中出现，带来淹没全城的洪水。于是人们便造了一座

东直门城楼的门洞

石海龟镇在井口上。人们对它许诺说："你不必苦恼，只要半夜听得锣响，你就会解脱而出。"不论如何，人们耍了个小诡计，把锣换成了钟。而那只大龟伏在那里数百年未动，盼着听到锣响，以便得到解放。这种想象多么动人，可这一切与科学的真理又有什么相干？

还有一个例子便是钟鼓楼桥下、后门附近的那块石碑。

此碑与明代朱元璋的谏官刘伯温有关。刘是位天文学家，就像法国十六世纪天文学家奈斯陀达马斯，被认为有预言未来的超凡神力。他平素全然生活在巫术和其他迷信活动的世界中。按照他的建议，桥下的石碑被刻上了"北京城"三字，用来欺弄诸神。如果神祇们犯起怒气，要淹没北京，他们便会自天上向下观望，洪水达到桥下石碑的高度时，"北京城"三字便隐入水中，诸神便会罢手满意而去。

还有一种做法是钳制灶神的口舌。在所有的神祇中，灶神最晓得家庭之中发生的事情，如夫妻之间、父母儿女之间的瓜葛等等。而且，每年在新年前七天，他都要回天庭去过年，届时便要向玉皇大帝报告地上家庭成员间的秘密情形。这当然令人很尴尬。于是，在十二月的第二十三天，民间便依俗炮制胶糊，涂在红纸灶神像的嘴上，也有人喂灶神些蜜糖，象征性地使他"上天言好事"，或者让他缄口不言。

关于北京地方的神祇，有两则有名的传说。其中之一说的是铸钟娘娘的美丽故事。有一次永乐皇帝（明太宗朱棣）下令铸造一口大钟，那大概就是现今置于城西北清华大学附近的大钟寺的那口钟。据阿契巴德·利特尔女士的记载，它重八万七千斤，比埃尔富特（德国一城市）或其他城市中的钟都要重。

由于那铸钟人从未铸过如此大钟，因此每当铜水冷却下来，钟便破裂。他为此焦虑万分，深恐皇上因铸钟失败迁怒于己。他那年轻美丽的女儿见父亲整日愁眉不展，便问起他苦恼的缘故。当天晚上，她便做了一个梦，梦中得知若有人的肉身投入熔铜之中，便可确保铸钟成功。第二天，正当铜水鼎沸之时，她父亲去用饭了。她乘此机会纵身跃入铜水，消失了身影。大钟完好无疵地铸成了。这就是如今每到晚上鸣钟时，有人听见"钟姑娘"在悲哭的缘故。

还有一则神话是关于北京城的用水。谁都晓得，北京海子里的水是从西边二十英里左右之外的玉泉山流过来的。京城的西北角有一座桥，名高粱桥，当年一位武士为了城里能有充足的水源，献出了自己的生命，这桥就是用他的名字命名的。传说明代时北京遭遇大旱，皇帝为城内缺水忧烦不已。一天他在梦中见一位老农夫，推着一辆独轮车，车上载着两只大箩筐。农夫告诉他说，那里面装的是送给京城的水。翌日早朝，他问朝中的占星官此梦怎讲。占星官解释说，这是天帝发慈悲，要给北京城送水。占星官进言道，应当派一名披甲佩剑的武士去城外西郊，他在那里会遇到一位老农夫，运送两只大箩筐向京城走来。这星官还指明这武士要用剑刺破那箩筐，然后迅即转身向京城跑，绝不能回头张望。那受命前去的武士便是高亮。他赶到西郊，果真遇到了与皇帝在梦中所见一模一样的老农夫。当他问明那箩筐中装的是"送给京城的水"时，他抽出宝剑猛地戳进箩筐，然后掉头便向回跑。他只听得身后洪水咆哮，滚滚追来，淹没了田野，直涌向京城。他跑到望得见西直门时，以为自己已安然脱险了，便回头一望，结果立刻便被奔腾的洪水淹没了。于是那座石桥便以他的名字命名，以示纪念。很显然，直到十五世纪，神话仍在不断创造出来。可为什么关于大本钟或伦敦桥却没有产生神话呢？莫非是因为我们听到这样的神话便会发觉自己已可怕地变老成了？抑或是我们将对神话嗤之以鼻，视之为"荒诞不经"？把它们当作并非真实的东西吧，谁还管那许多？我们的生活毕竟比神话所说的生活更丰富。

　　我们在此涉及的并非中国的主要宗教，而是被常人所接受的一些流行观念。中国人的主要宗教——儒教则是理性的，极少形象性。北京城中的孔庙自是极严格的儒雅之地，就连孔子祭坛后面的灵牌也只是一座放大了的戒尺样的东西，上面刻的文字使它成为圣贤精神的标志。道教的深刻哲理包含在老子的著作中，佛教也有关于知识与现实问题的高妙比喻。然而普通人最关心的是财神、长命之神、婚姻之神和命运之神。这些神灵中没有一个像观世音那样圣洁尊严，可是人们对这些神灵的祈祷却同样的虔诚。

　　人民创造的诸神灵往往不受宗教或教派限制。信仰这些神灵的最好的例证，就是东岳庙。该庙位于齐化门（今朝阳门）外，其历史可上溯至十四世纪（公元一三一七年）。对泰山或东岳的崇拜既非道教，也非佛教，那是一种有关五种基本元素（五行）、五种角度、五种颜色、五座圣山的崇拜，源于公元前数世纪。最广泛的道教将全民性的万物有灵论、黑巫术和秘宗等多神教都吸收在内。婚姻神、财神和药王既非道教也非别的什么教，他们只是满足人们基本需要的神灵而已。在这座庙里能够看到婚姻神，他被称为月老，这是从九世纪的一个关于上天如何安排婚姻的故事中产生的。那故事说每个婴儿出生时脚上都缚着一根连接另一异性婴儿的红线，他（她）的婚姻就是由这红线决定的。不论有何障碍或父母如何从中作梗，他们最终都将结为夫妻。因此每个人都可以去那里，摇动灵异的竹签，直到装在竹筒中的竹签有一根掉到地上，然后从那签上的谶语中了解与某个男子或女子的恋爱能否成功。

还有一位文人之神，在孔子、老子或佛祖的教诲中都未曾提及。文人之神是众星中的一颗星宿，司掌文人学子在科考中的运势。由此可见众神的分工也是多种多样的。有专司风湿病的神、专司发烧肚子痛的神、专司结核病和慢性咳嗽的神，也有专司牙疼、白内障、机体出血的神。了解到北京大学就坐落在有名的马神庙，即马的保护神的庙宇旧址上，那是非常有趣的。那地方处于煤山的东山脚，早先曾是御马厩的所在地。另有一座二郎庙，在灯市口或灯市的对面，人称"狗庙"。这二郎神（因在著名宗教史诗《西游记》中出现而闻名）的功能是偶然传开的。当年有一妇人带着一只病狗去寺庙为子求安，回来后她发现那狗竟痊愈了。从那以后，"狗庙"中便常在二郎的祭坛上见到还愿用的小狗崽儿。二郎正像圣米契尔一样，主要是一位战神。

有些寺庙与一些特定的宗教节日有特别的联系。例如东岳庙，每当七月十五日，便会引来大批赶庙会的人来此看灯船。每到春天，香客们甚至从昌平、顺义两县来登妙峰山，他们攀越连绵的山巅，行经大觉寺和黑龙潭，直达于西山。庙中有两个最引人兴趣处：一是百子观音（催生娘娘），另一是明眼观音。寺庙坐落在西山的一座峰顶上，俯临四野，气势逼人。但在登山时，香客须三步一跪，九步一拜。有些朝香客登山要耗数日，在山上众多的寺庙中多次过夜。这种跋涉实在英勇，因为山路上布满尖利的山石，而且有些地方，特别是临近山顶处，常是极其险峻的。香客中有许多妇女，她们或想得子，或为其他渴求之事而来。参加这种跋涉的动机并不真正为了苦行。一次求祈总是出于某种迫切的心愿，一种迫切的心愿也总是变为一次求祈。为此所受的苦难不过是这种迫切心愿的自然结果。

关于中国人同另一世界宗教的关联也许还需说明几句。穆斯林在中国人口中一直占有较大分量。穆斯林餐馆，也称"清真店"（"清真"是中国人对伊斯兰教的称呼），那里卖的是牛羊肉，不卖猪肉，北京街上处处可见。中国的穆斯林人相互间有一种近于迷狂的团结。大约四十年前，北京的一位出版商出版的读物诋毁穆斯林人不吃猪肉的习俗，结果惹恼了所有穆斯林人。人们惊异地发现在中国竟有这样多的穆斯林人，不仅是北京，而且在大南方、大西南都有那么多。这一宗教是由中国境内说突厥语的人们传入的，包括维吾尔人、吉尔吉斯人和哥萨克人。中国境内突厥语地区的人口通常包括大量的穆斯林人，在这极为广袤而少为人知的地区（新疆），当佛教徒与穆斯林人发生冲突时常常发生整村人被屠杀的流血事件。早在公元八世纪时，维吾尔人便曾应募从军，后来便定居在陕西。在北京的许多穆斯林无疑就是来自那一地区后又定居北京的操突厥语的人的后裔。

在北京新华门附近，紧靠皇城边儿，过去曾建有回子营（穆斯林军营），现在已荡然无存。北京有一个哀婉动人的传说，讲的是一位生于喀什附近的年轻美丽的穆斯林王后。她的部落被乾隆的军队击败了。她丈夫是个维吾尔人首领，也在战争中被杀，她被掳到了北京。京城里的人称她香妃，因为她本为异域人，据说身体散发一种独特的、沁人心脾的香气。还有一种更尊敬的说法，称她为"客妃"。乾隆大帝想要她侍寝，许她以极优渥的享乐。香妃怨怼杀夫之人，愤然回绝了他。她的身体虽被掳至此，心却矢志不移。乾隆也显出了超常的耐心，为她造了一座"望乡楼"（一座可让她"望远思乡"的高塔）；楼对面是一座由突厥人帐篷组成的村寨，还有一座清真寺，全是为了抚慰她的思乡之苦。可这位少妇终于还是自杀而死，以此保全对丈夫的忠诚。至今在故宫博物院中仍保留着耶稣会传教士卡斯提利尼所绘的香妃像。由于这个哀婉动人的故事，此画吸引了游人浓厚的兴趣。画上的香妃头戴战盔，身披意大利式灰暗金属的铠甲。

早在公元七世纪，聂斯脱利宗基督徒便来到了中国。聂斯脱利教徒基督教之一宗，该宗反对圣母玛利亚的神圣性。聂斯脱利教徒因宗教迫害被逐出后，便来到陕西定居。据西安市的一块聂斯脱利人刻写的石碑证实，此事发生于公元六三五年。受德皇威廉二世派遣的阿尔伯特·冯·李·考克在他的考古探险中曾发现了一些刻在雕像上的摩尼教文字，那座雕像显然是希腊作品。马可·波罗也曾提到，基督徒不仅活动于中国的北方，而且远至云南的南方也有他们的踪迹。他还记述过忽必烈汗对"神父约翰"王国的征战，这位传说中的"神父约翰"显然也是聂斯脱利教徒。

奥德里克受罗马天主教皇的委派，曾在忽必烈汗死后不久访问中国。但不论如何，对万历年间（公元一五七三至一六二〇）之中国朝廷发生影响最为深巨者，当数稣会教士利玛窦。他之所以取得巨大成功，应归于他对中国语言和儒学经典的刻苦研读，他因此而被中国学者所接纳。他是皇帝身边极得宠的人物，而且还使中国的一位杰出学者徐光启皈依了天主。徐光启的女儿也成了天主教徒，时人称她特雷莎姐姐。公元一六一〇年，利玛窦去世了，入葬时得到了皇帝给予的极高礼遇。他的陵墓就在北京郊区，与另外两名较早的耶稣会神父亚当·谢尔、魏尔毕斯特的陵墓相邻，距平则门约一英里。一九〇〇年爆发反基督教的义和团运动时，陵墓遭到了毁损。神父谢尔曾为明、清两朝的皇帝做事，天文学家魏尔毕斯特则不仅引导许多朝廷命妇信从天主，而且几乎说动康熙皇帝本人皈依天主教。耶稣会教徒当时称康熙的皇后为"安妮"，称皇太后为"海伦娜"。康熙当时未能入教，原因是罗马天主教不容许祖先崇拜，即对先祖的景仰纪念，除此之外尚可允准入教。原来，耶稣会神父认为康熙帝可以入教，可是其他教会神父却劝说教皇克莱门特十一世不予批准，理由是祖先崇拜违背只奉一神的基督的教义，因而它是被禁止的。教皇大概不会知道，从有跪拜礼时始，中国人便总是在新年伊始时跪在健在的父母面前，那是将他们看作人而非神的。教皇也本不该对灵魂不死、人有死后生活的观念少见多怪。儒学关于儿女孝道的箴规是"我们应侍奉故去的双亲如同活着的双亲"——过一种无愧于他们令名的生活。康熙皇帝认定他不可存心放弃先祖崇拜，否则会危及太庙（王室崇拜）的神圣地位，而且对他的帝国构成威胁。所以，不论引进多么精妙的神学理论，在实际生活中都意味着，做一名中国基督徒就得学会忘记对父母和祖父母的感恩，将自己从所属的家族中分离出来。

　　亚当·谢尔和神父魏尔毕斯特都是饱学的天文学家和数学

家，曾协助修正中国的历法。但雍正皇帝（公元一七二三至一七三五年在位）并不喜欢教会使者，部分原因是他们参与了与他的杀兄行为有关联的朝政。继雍正之后的乾隆皇帝（公元一七三六至一七九五年在位）再度垂青耶稣教徒，在他的治下，班纳斯特神父奉旨设计在圆明园内建造的意大利式宫殿。这次，乾隆皇帝与路易十五互相交往，互赠了许多礼物，其中包括丝绸、自鸣钟、金制酒杯和双面挂毯。据说乾隆皇帝还通过阿迈厄特神父与伏尔泰有过书信往来。故宫博物院最名贵的绘画之一便是以郎世宁之名为世人所知的卡斯提利尼神父画的，他还画有乾隆肖像。

保存至今的两处著名遗址印证了耶稣会的影响。一处是建于内城东南角上东墙附近的观测台。台上的铜制天文仪器托在极为精美的群龙之上。一九〇〇年，这些仪器被德皇威廉二世夺去，一九一八年后才被送还中国，永久地以其做工精美吸引着游人。另一处著名遗址是北堂，亦即"北寺"，与建于顺治门内利玛窦居处遗址上的南堂相对而言。北堂曾两次被毁，一次是在雍正年间，另一次是在义和团兴起之时，当时大约有四百名中国基督徒避难者死在里面。多亏有伐维尔神父的英勇指挥，才使大批善男信女幸免于难。值得注意的是，这座基督教堂就建在皇城之内，成为康熙皇帝及其王族善待异邦的标志。它的铁栅栏是路易十五所赠。十五世纪末此堂重建时，铁栅栏转到了拉泽利教派手中。

一个关于巴黎动物园中的一头狮子的故事表明了世界在那个时代已变得多么狭小。在一八七〇年巴黎被围时，巴黎的民众被迫宰杀动物园中的动物。北堂的神父大卫当时也在巴黎，他获准得到一张狮子皮，此后这张狮子皮就成了他在北京的藏品。义和团兴起时，法国军队前往北堂解围，军人们又见到了那只三十年前经历过巴黎之围的狮子皮。

北京的艺术

对来北京的一般参观者来说，

北京代表了中国的一切——

泱泱大国的行政中心，

能够追溯到大约四千五百年前的

伟大文化的精髓，

世界上最源远流长、完整无缺的

历史传统的顶峰，

是东方辉煌文明栩栩如生的象征。

对来北京的一般参观者来说，北京代表了中国的一切——泱泱大国的行政中心，能够追溯到大约四千五百年前的伟大文化的精髓，世界上最源远流长、完整无缺的历史传统的顶峰，是东方辉煌文明栩栩如生的象征。

不过，对学习中国历史的学生来说，北京只不过是长卷历史故事中的一部分。定都在北京的时间也只是古老的中国文化发展与繁荣历史的一段时期。尽管北京作为中国国都经历了繁盛时期，即明清时期的近六个世纪——从一三六八年到一九一一年，在历史上起了很重要的作用，但是没有人认为这段时期就是中国艺术与文化发展的最辉煌的阶段。

再则，从整体的中国艺术来考察，我们一定不会忘记，在过去的两千年里，一些游牧民族——"外国人"，他们完全或部分地统治中国长达近一千年。来自北方的侵略驱使更多保守的中国人不断地退到南方安全地带，在那里他们不遗余力地、基本上成功地捍卫了他们古老的价值体系。北方成了中国人与游牧民族相融合的地区——就像其他强迫性的民族融合能够丰富其文化一样，这一民族融合进程也促进了中国文化的发展。

对这些游牧民族，中国人历来声称不屑一顾，却心存恐惧。他们对中国人的生活和艺术的影响至少从公元前一千年就已经开始了。在其他一些方面，他们也起过重要的作用。他们在中国建立了佛教的统治。就是经过他们的努力，佛教成了国教，并且激发了一些伟大的中国艺术作品的产生。

中国的佛教艺术始于对中亚绿洲地带的宗教性作品的模仿。通过这条途径，佛教信仰得以传入中国。后来，由于交流的进一步深入，中国人才能够与印度取得直接联系，向他们学习具有深远影响的佛教及其雕刻传统。可是尽管这些影响是很强烈的，中国人还是很快地将他们自己的个性渗入到佛教艺术中。宋朝时，中国与印度断绝了往来关系。当时佛教在其发源地正面临着被扫除的危险，中国人却发展了新的具有本土特色的佛教及其艺术形式。元朝时期的观音像，代表不朽的中国化佛教雕刻的顶峰。虽然元、明两代王朝有价值的大型雕刻作品为数极少，但在国画方面这些模仿的技能已日臻完善。这些技能到清代时有了进一步发展，高雅的观音或"慈悲女神"展示了从印度的男神到令人愉悦的中国女神的全部变化过程。

"泼墨"画很大程度上又一次受到中国佛教——禅的影响（禅的名字来源于日语"Zen"）。这种艺术的追随者认为禅的启发一定是迅疾而至的，在它的影响下所作出的画应当以尽可能表达灵感的、直接本质的、自由热烈的画法来表现自身。这种非自然主义的画风在唐朝就已开始传播了。它的繁荣期是在宋朝。它极大地丰富了中国艺术的领域。没有这种"泼墨"艺术，大多数在我们看来是如此充满活力和现代气息的水墨画就不可能产生。

当游牧民族成为统治力量时，他们便强迫中国人重新评价自己的艺术成就。因而在十三世纪，蒙古人统治期间，他们的暴政使一些具有艺术天赋的中国人退隐到乡间。在那里，这些艺人详细地阐述了中国风景画的原则，这些原则至今仍然适用。一位著名的画家叫倪瓒，他在献给一位元朝画家的自画像中表现了自己天赋质朴的风格，他后面的画幅就反映了他的这种风格。那些外族人，因羡慕邻国、思图抢劫而大肆侵略，他们也很快学会欣赏被他们征服的那些人的艺术成就。一般来讲，他们比本土的中国人更中国化。唯一不同的是这些蒙古人小心翼翼地保护中国的文化，尽管这种保护常常显得很保守。这样做，有时激发起复兴中国艺术的反作用。这些游牧民族选择北京作为他们的首都，原因在于他们当时基本上还有一种不安全感，需要依靠一条便利的途径迅速撤回到长城外他们传统的故土。他们也确实曾经一次又一次地被驱逐回本土。

在艺术爱好者眼里，北京指的就是故宫博物院——正如人们所期望的那样，这里是中国艺术特别是绘画作品最大的汇集场所之一。或许我们应该说现在有两个故宫——一个是逃往台湾的民族主义者带走的故宫，那里收集了世界上一流的绘画作品；另一个是共产党中国从那些民族主义者所不能带走的部分艺术品当中，从由故宫本身所激起的广泛的考古研究成果当中搜集整理，建立起北京故宫博物院。

作为公共博物馆，这个机构的设立还相当地年轻——它是袁世凯一九一二年就任中华民国临时政府第二届总统时建立的。使人们感到惊奇的是，袁开放了一部分紫禁城，此前紫禁城关闭了几个世纪——这一举措暴露了他的野心——设想"君权神授"，梦想当一个新的王朝的开国皇帝。由于人民大众对这个阴谋的强烈反对以及一九一六年他的去世，这个野心勃勃的计划最终破产了，于是故宫博物院很快便成了国家的公共机构。

故宫藏有这么丰富的实物资料，还要归因于与中国皇室有关的另一个伟大的中国传统——皇帝对艺术的庇护。纵观历史，在统治者对艺术和工艺的鼓励和支持方面，没有几个国家能够与中国相比。远至青铜时代的商朝（约公元前十七世纪初至公元前十一世纪），那些为敬畏的仪式而制作青铜艺术品的工匠便几乎只是侍奉国王。我们知道这些器皿代表了多么显赫的声望。正像西方的王冠，象征王位的顶饰十字架的圆球、节杖和御玺一样，青铜制品也经常被当作权力与财富的象征。

如同十三世纪欧洲的基督教有政教两方面头目的支持，从而创造了崇高的哥特式教堂，中国五、六世纪，与帝王权力结合起来的佛教信仰也创立了不朽的洞穴庙宇。这些洞穴庙宇中，蕴含活力的岩石上刻有无数的雕刻作品，构成了世界的艺术奇观。支持这些宏伟工程的帝王们都是游牧民族的后人。很显然，他们觉得佛，作为非本土的神，对他们来说比中国本土的那些神有着更可取的神性。可是，中国人也接受了这种信仰。洞穴庙宇和他们的雕刻以其高大的形体和复杂的技艺慑服每个人——他们要比任何生命体都伟大得多。这种作用一直持续到明清时期，从内廷里的千佛像代表作就可以看出这一史实。到了明朝，佛教雕刻艺术的繁荣期已经结束，那时只留有元代对宋代观音木制雕像的精美仿制品。

洞穴庙宇只是帝王庇护的一个方面。唐朝时（公元六一八至九〇七）中国的皇帝把国内最出色的画家召集到宫廷自己的身边来——给予他们最高的荣誉并奖励他们作画。历史上绘画比赛的故事以及画家和他们受帝王庇护的逸事俯拾皆是。

韩幹，如图所示，专门研究过马匹和它们的马夫。他曾经是他那个时代受到优待的画家。在唐朝鼎盛时期他曾为唐明皇效忠。对写实主义表现方式的追求是唐代艺术的一个基本指导原则，这一点能够从墓碑的雕塑中看出来。他画的马活力受到压抑的神态在很多墓碑骏马雕像中一再重复着。它们如此精妙地传达出的动感是理解中国绘画的关键之所在。

唐朝以雕塑绘画著称，从仅存的一小部分作品可以看出，这

牧马图　韩幹

种说法并不过分。插图所示虽然是唐以后的作品，但是也反映了八世纪典型的中国宫廷的高雅艺术思想。《虢国夫人游春图》是一件技巧很纯熟的作品，其中的每个形象都富于变化，趣味盎然。

虢国夫人游春图

在这个时期风景画作为绘画的一个主要部分也牢固地树立起来了。另一幅《明皇幸蜀图》原作是八世纪的，而插图是大约十一世纪的摹本，它是属于唐代"蓝绿"风格的——一种在水墨风景画日益盛行时不合时尚的风格。可是它仍然有自己的追随者和模仿者，它极大地影响了日本的绘画。

在公元九〇七年唐灭亡和九六〇年宋建立之间的短短的间歇期——这个时期通常被称为五代——许多画家逃到乡间以躲避政

明皇幸蜀图

治迫害和公共服务的劳役，在那里他们与自然倾心交谈，投身于他们的艺术追求中。

这个时期遗留下来的作品并不多。下方的《秋林群鹿图轴》是一位佚名艺术家的作品，它几乎不具备中国风景画的特点或者说并不是典型的中国风景画，但它精妙地传达了天人合一的精神，中国人历来都是以此为最高境界的。它同时也表明了中国艺术家对各种动物形式研究的强烈爱好。看到这幅画，没有人不会感觉到，也许艺术家本身作为宫廷生活的逃亡者，每时每刻都会体验到对被猎雄鹿的同情。中国人在艺术上对动物的热爱很大程度上应归因于游牧民族的影响，因为这些游牧民族完全掌握了动物的特性。中国人从游牧民族那里学到了这些并把它们转化成自身的东西。在花鸟画的精细艺术形式中，动物已经成为宫廷画家喜爱的主题。花鸟画是一种装饰画，它传到欧洲，使欧洲的艺术作品黯然失色。元朝（公元一二〇六至一三六八）的蒙古人试图找一些中国的文职官员服侍他们，这些人中还有几位画家，比如著名的画家兼书法家赵孟頫（公元一二五四至一三二二）。赵的《二羊图》是保存下来为数不多的作品之一。我得承认我并不是被这部作品中的

秋林群鹿图轴

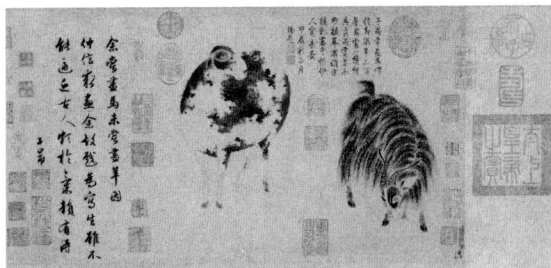

二羊图　赵孟頫

绵羊所吸引，而是对山羊的特性的细致入微的观感以及中国动物画的精美的构图产生了极为深刻的印象。赵孟頫的一个学生，名任仁发，是专门画马的，蒙古人对于有关马的绘画是很欣赏的。他的《饮饲图卷》充分体现了堂皇华丽的气氛，是中国已有的马图中的精品。

赵孟頫是一代书画大家，特别是书法和绘画成就最高，开创元代新画风，被称为"元人冠冕"。但他作为南宋遗逸而出仕元朝，很多人因此对其画艺提出非难，但是用非艺术因素来品评画家艺术水平的高低，显然是不公正的。

许多帝王本身就是天才的诗人、书法家和画家。最著名的当然要推宋徽宗（公元一一○一至一一二五年在位），在他执政期间学术气氛空前活跃。明朝皇帝蔑视宋徽宗政治上腐败无能而导致蒙古族的入侵，可是还有一些皇帝继承了这种艺术传统。如宣宗（公元一四二六至一四三五年在位）就是一位卓越的艺术家。在繁荣和平时期，积极的画家常聚集到首都，他们希望在那里荣获为宫廷服务而得到的奖赏。有时这种宫廷气氛和开明皇帝的作用能激发起伟大的绘画艺术——而有时如果一个皇

溪堂诗思图　戴进

帝对于一个艺术家应该画什么和怎样画固执地加以限制，也会带来不幸的后果。因为那时宫廷艺术已属日趋没落，最富有创造力的天才便会走出这种宫廷的圈子去寻求艺术自由。戴进（活跃于十五世纪早期）就是其中之一，他画了《溪堂诗思图》。他最初是宫廷画家，后来由于某种原因离开宫廷独立地作画，最后死于贫困。他的作品更接近马远派，但是从他对人的细节所持的趣味，以及画中对风景细节所做的表现来看，它基本上未脱明朝作品的范畴。

　　不管后来的作家对此怎样加以指责，宫廷画家，尤其是宋代的宫廷画家，对中国绘画艺术做出了重大贡献。两位宋朝最伟大的艺术大师，马远和夏珪——"马夏学派"的创始人——创造了一种闻名海内外的风格。人们都说这两个人从李唐那里学到了很多知识。据说李唐曾经画过著名但并非代表性的《灸艾图》，其实他更以薄雾蒙蒙的风景画著称。这种画着意于画的前景，然后把观者的视点引至极远处逐渐消失的几座山峰。

马远使用横斜构图法创作，空出一角——他因而被称作"马一角"。他创作出浪漫柔和而亲切的风景图，画中的主宰是人而非自然，一切都表现为平和诗意的情韵。当然，尽管它是极具吸引力的，可是如果剥掉它的东方的魅力，难道它不也是有点怪诞吗？夏珪使用同样的画法，在泼墨的画法中发展了一种雄伟磅礴的河流风景画。《静听松风图》是马远的儿子马麟画的，它表明了这种极具特色的风格只是马家特有的——同时它的衰弱又是多么明显！

令西方人感到奇怪的是，文职官员服务、奖赏措施和绘画艺术竟然无法摆脱地相互配合达几个世纪之久。早在汉朝（公元前二〇六年至公元二二〇年）中国人就已有了文职官员服务制度——这是华夏文明的一块柱石。只要通过考试，不同阶层的人都可以进入文职用事体系，对有抱负的学生来说，贫穷并不会成为障碍。只有成功地通过地方考试，然后进入首都参加全国会考的年轻人才被看作是幸运的。如果到时在全国高智力水平的竞争中金榜题名，此人就会骑在马上绕城游行，他的前途也就有保障了。

山水　夏珪

朝中大臣与其交友，并把他们的女儿嫁给他。

　　随着大帝国行政制度的发展，也产生了文人官阶制度，这有利于文人实现寻求艺术（特别是绘画和书法）解放的目标。在宫廷学术机构中总是有一些职业画家，但是几个世纪以来他们落入声名狼藉的境地，因为经院画家、御用文人开始控制整个艺术领域。他们写文章确保他们的理论压倒异说，他们认为绘画是非职业艺人唯一的精神避难所。对他们来讲，绘画和书法一定存在于文化人超凡的追求之中，存在于不受物质欲望侵袭的精神上纯情的表现之中。一个真正的超群的画家只有在有极深的生活感触时才作画，为了艺术他遭受过极大的痛苦，他只把作品呈递给能够理解和欣赏艺术的人，而不把作品变卖给一个带有满口袋黄金登门前来购买他的创作的人。这种思想是高贵的思想，虽然因此可能导致艺术的萧条。不管怎么说，从整体上来说，这种思想影响了一代又一代的经院派画家，特别是那些处于稳固地位的艺人，促使他们研究艺术，技巧更娴熟地实践艺术理论；可是事实上他们从未完全排斥那些非官方的被迫伪装自己职业的天才艺术家。当然没有哪个国家会像中国这样曾经产生这样"文明的"文官服务制度。宫廷为职业和非职业画家提供竞争场所。结果是非职业画家获胜，因为他们是强有力的批评家和历史学家，因而职业画家经受不了历史的考验而败退下来。在这番讨论之后我们才会更公平合理地评价职业画家的艺术成就。陈洪绶（公元一五九八至一六五二）曾经于明朝末期在南京为宫廷效劳。他是一位风景画家，同时也是一位富于创造力和天赋的花鸟画家。这幅插图是属于花鸟范畴的绘画，但是它不能与十世纪的黄居寀的《山鹧棘雀图》和花鸟丝帛画同日而语。
这种绘画形式最后通过作为清
朝的青绿和玫瑰红类瓷器的装
饰发展成为世人皆知的艺术
形式。

　　书法和绘画一样永远都被
视作一种艺术；实际上它已被
称为中国艺术的基础，"一种
遍及全国的爱好，从孩提时代
起每个中国人都应该修炼的艺
术"。过去艺术大师的典范作品
都受到很高尊重，优美的书法
是成为一个有素养的人和进入
文官服务圈子的基本条件。对
中国人来说，一个人的书法可
以独立而直接地表现他的性格

花鸟　陈洪绶

特征。姜易（音译）曾经用一种西方语言针对这种深奥的艺术
写过一本书，从苏东坡的书法来评判他的性格特点。他是这样写
的："苏东坡的书法在我看来暗示了一个并非像米芾的、胖胖的
矮矮的、本质上很粗心的人，而是一个宽宏大量、精力充沛、爱
开玩笑、幽默滑稽的人。"作为诗人、画家、书法家和素养颇深
的文人，苏东坡的生活在很多方面集中体现了宋代高雅的精神。
他的书法表明了这是多么纯正的抽象艺术形式，这是多么成功的
一部作品。其中蕴含着和谐和平衡，内在的张力，愉悦的节奏，

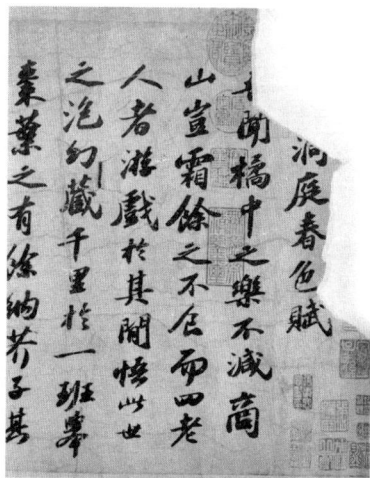

洞庭春色赋（部分） 苏轼

完美无缺的艺术技巧，充满活力和在西方鲜为人知的自然天成的特点。

从书法到画竹只是很短的一步之隔，画竹一直被视作考验中国绘画的主题之一。一些艺术家终生都致力于从竹的不同基调、不同种类入手描绘这种植物。如果一个人能发现书法中曲线与直线的优美之处，他就能立刻理解画竹的艺术魅力。

清代皇帝大力推崇的绘画属传统类型，这些传统类型是经过明代的整理由一些像董其昌那样的学者固定下来的。尽管这些传统是很完善的，但现在看来已经很陈旧、很衰落了。比较进取的精神在当时，在过去也一直是这样，不享受任何特殊的优惠，还往往被排除在帝王庇护之外。一个富有进取精神的人叫石涛，他是明朝皇室的后裔，在清初佛教的隐居生活中免于政治迫害。作为一个突出的个人主义者，他不愿让老一代艺术大师扼制他的想

汉宫春晓图 仇英

象力。他的高度个人化的作品是所有中国古代晚期绘画的杰出
代表。

清代皇帝所能容忍的为数不多几个革新者是耶稣会士画家。
有一段时间他们使用陌生的自然主义方法迷惑朝廷，这些自然主
义方法包括科学的透视法、明暗对照法以及对人物肖像接近生活
真实的画法。有人讨好乾隆，使他在巡察时让卡斯提利尼陪伴。
卡氏对他的中国同仁来说以郎世宁之名著称，他为后代人记载了
当吉尔吉斯人奉献马匹作为贡物时皇室权力的强盛景象。有时中
国艺术家也愿与郎世宁合作，为皇帝的形象画背景。

对于中国绘画的研究现仍处于起步阶段。像十六世纪前半期
的仇英这样的艺术家的作品研究起来困难很多。他既不是宫廷
画家，也不属于日益控制艺术领域的那群学者——诗人——书法

家。有关的传记和中国的记载很少提及他。他出身卑微，只是一位很有才能的画家。他从其他人那里吸收了很多传统的绘画风格和要素。他常常临摹古代的绘画。正如他所说：他的宗旨是"把古风作为他那个时代的一面镜子"。喜仁龙评论仇英的一些绘画作品说，他的作品已经举世闻名，有时作为明代绘画最高典范被世人称颂着。这一点毫无疑问，我们会在作品技巧的装饰之美和优雅之处所体现的强烈感染力中找到证实。他认为一个团体或一个工艺团体也许对仇英创作的许多作品起过一定作用，尽管就我们所掌握的材料而言，这一点是很难确定的。他的作品在"蓝绿"风格方面返回到唐朝的风景画，并复制了《明皇幸蜀图》的细节。

当然我们对于早期绘画风格的许多知识应归功于仇英对早期绘画的完美的临摹。有人说这些临摹作品确实富于相当多的生气，而不只是呆板的仿制。他的绘画能够反映出只属于他那个时代的、完全令人信服的风景画风格。他的一幅大型风景画《苏李泣别图卷》的细节部分既不是矫揉造作的（宫廷画家的特点），

竹林七贤　仇英

也不是呆板的（干枯的仿制者的特点）。它充满对大自然深情的爱和与大自然浑然一体的欲望。这激励了所有的中国伟大的风景画家。中国人——具有强烈的传统意识——钦慕个性，但是他们也要求艺术家理解自己的继承性。中国人更倾向于在一个人的作品中识别出过去的影子，不管这部作品怎样变形。一个点或一条线，一石或一树，这些是由古代的艺术家创作出来的，而由后代的画家又重新加以暗示，通过这种方式缔造了共同文化传统的纽带。这情形类似于将一句拉丁习语中的几个词并入了十九世纪的欧洲语言。

工艺方面并不存在职业艺人与非职业艺人之间的竞争。手工艺通常被视为低下的职业。自唐代开始，皇帝便在宫廷附近或宫廷内部设立作坊，以生产精美物品供皇帝使用。比如说宋朝最精良的陶器制品就是在帝王窑里制成的，尽管有些产品也流失到宫廷外的民间。明朝皇帝需要饰有龙图案的彩砖、瓷器、景泰蓝和漆器来装饰北京新修的艳丽的建筑，甚至于死后把这些物品陪葬在身边。新发掘的万历皇帝的坟墓证实了这一点。清代仿照明朝也在宫廷附近设立了二十七个作坊生产金属制品、景泰蓝、玉器、黄金制品、象牙雕刻、漆器、宝石镶嵌和许多其他工艺品，甚至还有一家只生产玉如意的作坊。

中国对人类文化的发展做出了很大贡献，但是没有什么比中国瓷器的发明对人类更有益处。在非常早的远古时代中国人就表现了对工艺的天赋。甚至在公元前三千年的新石器时代，中国的陶器绘画在技巧和装饰方面已远比同一发展时期其他文化的工艺品成熟完美。商朝高温烧制的白色陶器所体现的纯熟的技巧预示着大约以后两千年瓷器的发明。商朝以后的几个世纪里，中国人似乎放弃了对发展陶器制造的兴趣。当时只生产家用陶器，可是直到大约公元前三世纪中国人才发明了一件以它的生产地域而闻名的陶器。经过大约一千年的持续发展和提高，陶器才最后导致瓷器的发明。

唐朝以其陶器而著称，特别是其坟墓塑像，栩栩如生地描绘了七世纪到九世纪的生活。北辽或金朝时的陶器工艺沿袭了唐朝的传统。辽是由北方的游牧民族契丹建立的。早在一〇〇四年他们的帝国就包括了中国的部分地区。辽衰亡后，又一支游牧民族入侵，于一一一五年建立金。后来金被蒙古人推翻。像它们之前的北魏一样，这两个游牧民族很快采用了中国文化。由于对中国文化的热爱，还将唐代的一些典型艺术形式保持到了十至十三世纪。

中国人曾一度发现了关于瓷器制造的所有秘密，他们的发明是无比卓绝的。多数专家认为宋朝的瓷器是所有工艺品中最精良的。西方人花费了许多世纪的时间才了解到中国人的这些秘密。宋朝的瓷器包括乳白色的定窑瓷、淡蓝色的青白瓷和淡紫色的釉。所有瓷器中最稀有而富有活力的是在白色泥釉上绘有黑色图案或者带雕刻装饰的磁州瓷。宋朝瓷器中最漂亮的一种是那种官窑，这些瓷器大部分是专供朝廷使用的。通常釉面或瓷器本身出现不同质料的膨胀时，瓷器发生龟裂。中国人常把本来是偶然事件产生的现象发展成为一种变化微妙的装潢方式。裂痕技巧的运用成为衡量陶工处理原料的技能成熟与否的标准。葫芦形罐器曾经是皇宫收藏品，它展示着裂痕这种技巧所能运用的微妙的变化形式。波西维尔·大卫（Percival David）收藏过一只花瓶状的青铜色瓷瓶，瓶的里面刻有乾隆皇帝题写的一首诗。他的评价与一位非常出名的现代鉴赏家的观点是一致的。这位鉴赏家最近陈述了他的见解："单从技巧成就来看，这些官家瓷器是立于其他宋代瓷器的头与肩上。"皇家对这件瓷器评价如此之高，命令陶工们模仿它的样子，于是十八世纪便有一些非常精美的瓷器被制造出来。有些十八世纪的瓷器标有日期，但是也有一些不标日期，有人怀疑我们收藏的一些带有宋的标志的瓷器可能实际上是十八世纪的作品。

官窑产瓷器只是众多瓷器中的一种。它是宋代工匠生产的瓷器物。一些官窑制造活动一直延续到后来的元朝和明朝。蒙古人曾一度打算废除华夏文明，把华夏沃土变为他们的牧场。值得庆幸的是，他们看到了保存华夏文明的完整无缺以利于为他们服务这一优势，因而中国艺术的许多分支得以发展，并未遭到太大的破坏。作为一个品种，青瓷被称为东方陶器的"支柱"，它的历史可以追溯到至少公元前三世纪。到了宋代这种青瓷器日臻完善，许多明代的青瓷器尽管颜色方面不很精妙，但是在绘画和造型方面却很壮观。

早在十五世纪中国的皇帝就在景德镇建立了皇家作坊，从那时起宫廷情趣就深深地影响了精美瓷器的质量和特点。在明朝统治的几个世纪里皇家窑的出产变化多样，可是许多省的瓷窑也拥有大量美妙的瓷器。一大部分明朝的制品是蓝白相间的，那些风格活泼却有点儿粗糙的制品是用于出口的。这些制品在阿姆河峡谷和非洲大陆的许多地方被发现，更不必说呈献给中东君主的皇家瓷器了。当时出口的瓷器，毫不夸张地说，成千上万地流到欧洲。虽然十四世纪早期生产出来的瓷器上面的绘画较自由，可是它们在技巧上还相当粗糙。十四世纪晚期的瓷器在色彩和装饰方面充满活力，这一点是很有特色的。从宣德年间制造的瓷器可以看出，当时技巧的修炼过程已经取得相当的进步，此前不久设立的皇家窑生产了令世人惊羡的高技能的艺术品。我们能够追踪到十五、十六、十七和十八世纪蓝白瓷器的发展过程，它的风格的发展过程，艺术技巧的提高过程。到了康熙时期，精品由皇家窑制造出来以满足最讲究的情趣。康熙年间的瓷器一般在纯白色背景上装饰深而发亮的蓝色，技巧已经达到前无古人的完美程度。这时开始运用多种生产方式。有的瓷器表面的背景上装饰有枝条线以暗示裂冰的状态——春季的象征。我们常常会在瓷坛子上发现有这种装饰。这种装饰一直持续至今。我们用这种质量低下的坛子向西方出口姜。可是那上面的绘画和色彩却表现出纯熟的特征。我们在某些粉色背景的碗上也能发现这种设计图案，尽管这不是瓷器而是广州的搪瓷。

青花瓷花瓶是属于展示蓝白相间图案的那种。十八世纪末和十九世纪的欧洲人很喜欢这种风格。这是明朝五彩釉面上搪瓷画的发展，只不过它是用釉面下铺蓝代替了明朝的绿松石。这种瓷器的变化是无限多样的，中国的装饰家广泛地运用中国的象征、民间传说、神话，事实上还有明末清初时代各种造型绘画技巧。几个世纪以来一直被中国的艺术家所推崇的花鸟画也运用于瓷器装饰。红瓷器开始于康熙晚期。它们的名字来源于从欧洲引入中国的粉红色搪瓷。这就是中国人所知道的"外国颜色"，并且更充分地利用了这种颜色。明清时期的各种形状和图案的瓶、盘子有的就是用红瓷着色法生产出来的，很多都是轻淡的蛋壳色的瓷器。可是这个例子在黑红搪瓷里并不多见，它的图案通常是采用镀金。这里似乎技巧与趣味不相符。据我所知，没有其他的艺术品能够精细到这种程度。

许多晚期的瓷器，由于它们色彩的纯度和高雅的绘画，毫无疑问成为世界上技巧最成熟的陶器制品。所有瓷器中最稀有的一种是古月瓷器。最好的例子是一七二七至一七五三年唐英作为皇家瓷器厂协理官时制造的。自唐英一七五四年去世后这个厂就停产了。一些权威人士认为郎世宁作为耶稣会士画家，他在乾隆的朝廷中表现很突出，即使他本人未亲自画，他也影响了皇家瓷器的艺术家。

明清时期的单色瓷器一定使更多的人迷上了中国的瓷器。它们的色彩是至纯的，色彩的变化范围从淡紫色到强有力的牛血色，从皇家的黄色到光亮的苹果绿，从镜黑色到桃花色。其形状几乎是不变的严肃的古典风格——允许颜色和完美的釉面相得益彰。桃花色的小花瓶是属于稀有品种，在色彩上甚至中国陶工也觉得难于控制。这就是处于完美顶峰状态的瓷器。

很早就吸引西方人倾慕的另外一组制品是透雕品，在中国称作提花，是属于福建省的。这种艺术品的制作开始于十五世纪，它的繁荣大约是在一六〇〇年到一七五〇年。有趣的是我们看到，在佛教艺术雕刻衰落时，中国雕刻艺术的天才还健在，它转向瓷器这些小型雕刻作品。福建工匠描绘衣饰的技巧在这里得到充分的阐述——就像最为平和的观音"慈悲女神"倾向于非常典雅地表现她长袍的卷边模样。在这样一些精美的艺术品中塑造者似乎冻结了没有感觉到的微风的运动，仿佛它处于最纯的冰中。我们几乎没有什么标准来非常接近地判断这些艺术品的日期——乳状的釉面应该指示为明朝的而不是清朝时的，但这根本就没有验证。这种透雕传统很强大，它一直延续至今，因为以前艺术代表作的仿制品由中国大陆经过香港出海口到达我们这里。无论现代陶工出口产品的动机是什么，他们都不可能用透雕复制高超的缠枝花纹。

可是没有什么资料能像玉器这样充分地检验和展示中国工匠的艺术技巧。当然，玉器在毛利人那里和前哥伦布美洲文明中便有发现，但是玉器也将中国文化与极古老的时代划分开来。我们知道在石器时代人们视玉器为宝物，从商朝开始这种物质成为某种珍贵的东西。围绕着玉器产生了很多象征意义——它象征着纯洁和坚定——它的色彩、声音、质地、硬度，所有这些对中国人来说都有一定含义。各个时代人们都使用玉器，然而追溯它的起源一直都是件头疼的事。随着有控制的挖掘的增多，或许能够提供一些关于我们所收藏的许多错综复杂的玉器年代的线索。公元前九百年以前的玉器比较容易鉴别，但在那之后的玉器，就像汉斯福（Hansford）说的："我们进入了沙漠，里面的界标少了，蜃景增多而诱惑人。"大多数早期的玉器来自中亚，当时一定是很昂贵的。因而毫不足怪，我们发现许多精美的玉器都通过某种方式与皇宫或皇帝有联系。玉器中纯白色的是价最高的。玉制的图章本可以被用作签署文件的御玺——很不幸有时它也被用在绘画上，因而贬损了这些绘画的声誉。玉制图章的制造在技能方面给雕刻师带来很大的压力，这些玉玺通常专由皇帝保存。清朝的青白玉坛的玉制坛和坛盖最为美观，它隐约使人联想到古代青铜器的形式和一种薄雾的绿色。它在刺和切的加工下达到了最高的工艺标准。没有足够硬的金属能够切割玉器，雕刻师使用起研磨作用的沙子和相当简单的旋转工具来制作玉器。由这样相当原始的方式生产出来的产品是精妙工艺的代表作。

漆器制品也是极具远东文明特点的。它作为中国所特有的艺术，而后传到日本。早在周朝，人们就开始生产漆器。漆器上的树脂是经过净化然后涂在木质或纤维的底料上的。这种明净的液体能够加入颜色——多数的中国漆制品都具有"封蜡红"特点，这颜色来源于朱砂。一旦足够的涂层得到运用，漆料厚度足够雕刻，中国人所固有的雕刻技巧便开始表现于上千件物品的卓越装饰之美中。这种技巧时强时弱地流传了许多世纪。从元朝时起漆器的雕刻遍及中国许多地方，大多数作品都运到北京供皇宫使用。十八世纪的工艺与早期一样精良，但是图案逐渐地更为细密柔弱了，整体效果愈显精微工巧。

有关其他的装饰艺术品，我们对景泰蓝知道得很少。当然它是从西方引进来的。中国人把它当作"阿拉伯制品"，在汉语中指出自拜占庭。很可能是随着伊斯兰教工匠的移入，使这种工艺传进中国，时间可能在元朝时。当然到十五世纪初时，一些出色的景泰蓝制品已经制成并为明朝宫廷所用了。这些早期景泰蓝制品图案很接近明朝早期蓝白瓷器，它们也许是所有景泰蓝制品中最吸引人的，但是在以后的四个世纪里作坊一直在生产大批工艺水平极高的产品。用雕漆和景泰蓝相配合制作的艺术品，表现了中国艺术的传统魅力，因为它也许带有悲观气氛地回顾了中国文化的最早期阶段，回顾了伟大的青铜器时代。定都在北京的中国皇帝，不管是本土的还是外族的，他们总是很清楚地意识到他们所继承过来的传统。从北京的宫殿和他们身受中国丰赡艺术的包围来看，他们点数着被他们征服的土地，这些土地反过来又征服了他们。

北京历史探故

I 明朝

　　人们对于不同朝代中北京的规模及地理位置做过大量的研究工作。那些具有历史意识的中国人对此项研究做了诸多的记载。第一，历代官方历史中总有一部分对其地理状况的记载，包括其大小、城墙的建造及一些宫门、城门的确切名称。第二，著有府志，或称作地方志。有关北京的著作，如一五九三年编撰、一八八五年修订的《顺天府志》，还有十四世纪编撰的《析津志》，该书甚至还绘出了街道名称和衙门的辖区。第三，审慎记载皇帝行止的各种《实录》，就内容而看狩猎、游园、球戏、杂技，包罗无遗。明代开国皇帝的《实录》便是一个突出的例子。第四，在明代和蒙古时代，有一特殊的地理学著作，即由明代开国皇帝洪武敕命编辑的《北平图经志书》。最后，还有一种最流行的文学体裁，称作笔记。

　　笔记，就像名字所蕴含的，包含着许多不同种类。例如在夜晚听到的有意义的故事，或是在下午游逛时发现的一块半埋地下的石碑上所刻的古老题字，一段逸事后往往附上一首诗，对于游历古迹的描述则蕴含着哲理。作者记下了它的真正价值，没必要去整理。一些人写当代的文学随笔，而另外一些人却写历史事件的启示，都十分注意材料的真实性。

所有这些有价值的关于北京的原始资料都在权威性的《日下旧闻考》中得到校勘（见第四章）。继《日下旧闻考》后还有另外两部资料。一部是顾森写于一七五六年的《燕京记》，对历史事件和北京城命运的盛衰做了概述，一九三九年被发现，收入《燕都风土丛书》。另一部是由瞿宣颖所著，收入《北京历史风土丛书》的一部专题著作，叫作《北京建置谈荟》，它多少体现了中国人对这一专题的最新观点。

为了在讨论、确定古都的位置中进行比较，很有必要准确地知道现今城市的大小。奥斯伍尔德·喜仁龙在他的《北京的城墙与城门》一书中进行了学术性、权威性的阐述。他几乎是一码一码地研究了城墙构造。最精确的测量是一八七四年由名叫 MM·弗莱利斯和拉比德的两位法国海军军官完成的。当时他们是来北京观察金星的运行轨道的。按照他们的测量，内城周长为四十一点二六华里（一华里相当于中国的一千八百尺，三华里相当于一点零七四英里）。这些测量结果曾在教皇使者阿尔封斯·比尔利·伐维尔写的《北京的历史描述》（*Péking, Histoire et Description*）中提及。该书是一八九七年在北堂、一九〇〇年在法国里尔由拉泽利斯特出版的。（伐维尔神父在一九〇〇年围攻北京时成为著名人物。由于业已形成的文化联系，他采用半法语来拼写北京 Péking。）我在下面将拉比德测量所得数据与《明史》中《工部志》所载测量结果做一对比，条陈于下。《明史》中数据在《日下旧闻考·卷三十二》第十二页上也有引述，它绘出了永乐皇帝时所建城市的情景，也就是现在内城的规模。

	拉比德	明史
南墙	十一点六四华里	七点二华里（一万二千九百五十九点四尺）
北墙	十一点八一华里	十二点四华里（二万二千三百二十四点五尺）
东墙	九点二七华里	九点九华里（一万七千八百六十九点三尺）
西墙	八点五四华里	八点七华里（一万五千六百四十五点二尺）

东西墙之间及南北墙之间微小的长度差是由于城市西北角的轻微的曲度造成的。

除了南墙以外，测量数据都很接近准确值。用中国度量尺标注的南墙尺寸显然是印刷错误，一万二千应为二万二千，因为南北墙间不可能有如此大的差距。这样的错误在汉字中很容易出现。在同一页，我找到了同样的错误，二十三应为三十二，指的是修建外城的嘉庆年。拉比德的测量结果被喜仁龙所接受，他也认为城市周长在四十一与四十二里之间。官方测量数据的不同，是由于以上提到的印刷错误，城市周长将为三十八点二华里。将南墙测量数据的印刷错误一万二千九百五十九尺改为二万二千九百五十九尺，使得它的长度几乎与北墙相同。

在《明史》中的同一段，标明了外墙的测量尺寸如下：

南墙：二万四千五百四十四点七尺。

东墙：一万八千一百五十一尺。

西墙：一万九千一百三十二尺。

总长为二十八华里。

内城墙高三十五点五英尺，堡垒高为五点八英尺，底基宽为六十二英尺，顶部为五十英尺。另外，外城墙的测量尺寸数据中有一处明显的错误。它们的底基宽度为十尺，顶部为十四尺，底基数据显然应为二十尺。

明朝洪武开国皇帝推翻了蒙古政权时，在南京建立了他的首都。永乐皇帝当时为燕王，以北京为王府之地。他本无继承王位之念。洪武帝的太子既死，王位遂传给了洪武帝的孙子。这位年轻的建文皇帝怀疑其身为各地诸侯的五位叔叔，于是发起了一次削藩运动。永乐帝目睹了他的一位兄弟被俘并被流放，另一位自焚，第三位被褫夺权力，第四位被禁闭在大同。而他本人也在建文帝统治的第一年受到打击，战争又持续了三年。好几次他几乎被击败，一次险些丧命。一四〇二年他开始向南进攻，占领了南京。建文皇帝逃跑后，失踪了，民间流传说他已削发为僧了。永乐皇帝的统治与中国海军力量的鼎盛联系在一起。当时他建设了有两万精兵装备的战船，航行远至马达加斯加，并迫使印度尼西亚半岛向中国进贡。

一四〇六年六月，永乐四年，在北京重建宫殿、城墙的计划开始实施。在一四一七至一四二〇年间进行了轰轰烈烈的重建工程。一四二一年一月一日新都宣告建成。昔日的元代城墙用泥垒成，用芦苇和稻草加固。用砖石建造城墙始于永乐年间。一四一九永乐年间的史传陈述得不是很清楚，这个时期在南城也建造或扩建了二万七千英尺（十五华里）的城墙。如果这一点属实的话，那么南城的建造一定是始于永乐年间。

明英宗（公元一四三六至一四四九，公元一四五七至一四六四）以石料加固城池过程中所起的作用是鲜为人知的。他通过增加军队劳役来加强城市的防御能力，而不是向百姓征收各种赋税或逼迫民众服劳役。这些城墙的坚固和壮美很大程度上应归功于他的努力。一四三九年，他维修和加固了城楼，又加了许多外围城楼，把木制的桥改换成石制的桥。他加深了护城河，河两岸建筑了砖石堤坝。在通向每个城门的桥下面，他设置了可以操纵的水门，这样使河水从西北角环城流入东南角。

嘉靖皇帝统治时期也有一项伟大的工程，那就是开始建筑现在的外城。前门南面地区已经成为一个大的建筑区。有人认为这不公平，因为战时郊区的百姓无人保护。最初的想法是在旧城的四面建筑一个外城，这一外围城墙长七十华里。可是嘉靖担心这笔费用过巨，征求大臣严嵩的意见。严嵩到城郊审查预建的工程，回来后报告，他认为应该先在南面开始修建外城；其他三面如果条件允许的话再加以修建。这项建议在朝廷上通过。尽管原计划建筑二十华里长的南墙，但是由于现在仅仅是修筑南城城墙，十二或十三华里就应该足够了（内城的南墙仅有大约十点五华里）。这样就决定在东南角和西南角转弯，一直向北延伸直到和内城的两个南面的城角连上。这就是外城的两个南面的城角出现了难看的突出部分的原因。这个三面的外城城墙长度为二十八华里。

这样看，这个城市的修建基本上完成了。清朝皇帝只是专注于对旧建筑的翻新与美化。他们既不改变城市原有的界限，也不改变宫殿的名字，他们只是改变了一些城门的名字。明朝时，有四个城门的名字都改动了，可是通常人们还是使用元朝时期的名字。这尤其表现在如下几例：西面的平则门（官称阜成门），齐化门（官称朝阳门），哈德门（官称崇文门）。如果你向一个普通的拉黄包车的人说崇文门，他会根本不明白你说的是哪个门，当你给他指出来时，他会说："你为什么不说哈德门？"哈德是元朝一个诸侯的名字，他的官邸就在这个门附近。所不同的是顺治门即南墙的西门，官称宣武。顺治门是根据清朝（入关后）的第一个皇帝顺治而命名的。

Ⅱ　元朝

所幸的是我们保留了元朝时三部有关国都的详细材料。其中包括：陶宗仪的《辍耕录》（耕作之后记录下来的），萧洵的《故宫遗录》（元朝旧宫殿的所见），洪武皇帝主持编写的《北平图经志书》（北平的地图册）。当萧洵作为市政工程的监理官（工部郎中）视察北京时，他历尽艰辛记载了元朝灭亡后的宫殿的详细情况。陶宗仪（约一三六〇年）详细地记载了这座城市和宫殿的情形。陶特别地记载了他参观的建筑的精确测量数据。除此之外，还有一些官方文献，如《元史》和《元一统志》。

忽必烈汗最初打算在金都城旧址建立新的国都，但是后来还是决定在它的西北部（也就是现在的北京所在地）开辟新的领地。毫无疑问，华丽的金琼华岛及其亭子的金碧辉煌，特别是顶端的月宫，也就是现在的北海白塔所在地，深深地吸引了他。根据金的记载，这些就是金代著名的琼华岛和太液池。忽必烈汗在当今的中海和北海的东部建筑了他的宫殿。我们从马可·波罗和中国的一些材料中得知，忽必烈汗还在自己宫殿的西部为他的儿子们建造了一些新的宫殿。整个区域现在都位于所谓的皇城里。

中国权威学者，比如说《日下旧闻考》的编者主张元朝宫殿多集中在三海区域，后来明朝的永乐皇帝规划自己的宫殿时，其中心向东移动了一些。关于它究竟移动了多少并没有确切的记载，但是以史料为根据的这些编者绝不认为现在的东西城墙和元朝时期的位置是不同的。

这种混淆主要有两个原因。首先，马可·波罗认为忽必烈汗城周长二十四英里，边长为六英里。奥斯伍尔德·喜仁龙和埃米尔·布莱契奈德认为这个数字不准确，超过实际长度。第二个原因是，马可·波罗认为钟楼是城市的中心。元朝时期的旧钟楼并非像今天那样在鼓楼的北部，而是在鼓楼的东面，靠近东方万宁寺附近。中国人的记载就更详细了，他们提到了万宁寺内的中心台。根据《日下旧闻考》《宸垣识略》上所说，这个中心平台与东、南、西、北四个方向是等距离的。如果这属实的话，东墙还应往东一些。布莱契奈德发现了东墙外约三华里处的旧城墙的痕迹，位于东便门和西华门之间。但是他不能确定它是什么，因为这些城墙与北部的城墙相比显得又低又旧。中国的书籍也未提及这方面的古老的遗址。

可是，北方依然可见古老的元朝城墙。一九一七年，当我在清华大学任教时，我爬上了北墙外五华里处的元朝的城墙。无论是中国人还是外国人，很少有人爬过。德胜门外的整个区域并不是我们所指的郊区；从各个方面来看，它是纯农村的，有农庄和养鸭的池塘。就在西北角的外侧有一大片水域，这就是为什么城墙在这个地方转这么大弯，并且附带地也解释了为什么北城墙和南城墙相比更长一些。

在我所知的中外作家中，只有布莱契奈德详细地描述了这些元朝的废墟。作为一个训练有素的科学家，他的描述很值得在这里重新提出来：

实际上，如果一个人从现在的北京任何一个北门出来，他就能够发现向北五华里有一个保存完好的古城墙。他沿着这个城墙走七英里多，就会发现这个城墙与鞑靼城的西北角和东北角连接起来。我已经从头到尾测量了这个古城墙（土城）。它有二十到三十英尺高。它开始于北京东北角的护城河，向北延伸五华里的距离，然后转而向西。人们通过这个地方的高地和圆形轮廓可以判断出在这个拐角，似乎以前有一个大的塔楼。这段城墙继续向西，直达北京西墙的延伸线，然后转而向南。在这个拐角，有另外一个塔楼。这个古墙消失在北京西北角附近的一个水库处。相隔大约一百五十步的距离，城墙的内部设有与今天北京城墙类似的规则的棱堡。许多通向城市或远离城市的人行小道或马路都穿过这个古城墙；不过，经过仔细调查发现，首先，只有四个城门穿过这个城墙：两个在北部，位于从安定门到德胜门的直线上，一个在东部，还有一个（或许是两个）在西部。在一些地方，几条大型的通道穿过东墙。北部的两个开口是有名的东小关和西小关（东西的两个小关口）。西小关位于德胜门的正对面，通往张家口和克什克腾旗的道路穿过这个关口，在那里人们能看到墙顶的土木塔楼。这个塔楼里面是空的，但是没有任何门通向塔里。距离现在的北京西北角约一英里处的西墙还有一个城门。德胜门与颐和园之间的主干道路就通过这个城门。在这个城门的外面，人们能够发现与古城堡等高的圆形城墙，两个城墙相对着，但并没有接触。这个城墙围成几百平方码的区域，那儿有一座很显然是近期建筑的寺庙。这个圆形的城墙很可能是以前的堡垒的一部分。在距古城堡西北角不远处（也就是说，在城角的南部），人们能看到一个黄色屋顶的亭子，这个亭子以皇亭之名为人所熟知。这个亭子里有一块大理石牌匾，一边刻有四个大字："蓟门烟树"；另一边是上个世纪乾隆皇帝写的一首诗，这首诗是有关蓟门烟树的，说明这是一个公园……

布莱契奈德接着说，他不能确定这是蓟古城，还是元朝城市，但是他更倾向于后者。他的怀疑是基于这个事实：明朝的作者从来没有把这个地方作为"元朝城市"提及的，而是以古典的"蓟"这个名字来谈论这个地方。在我看来有关铜马门的记载已经很清楚了，从公元前第一个千年到公元头几个世纪蓟就一直坐落在这里，它的城市规模恰好是现在城市西北角的一部分。对中国人来讲，明朝诗人总是把它当作"蓟"，这毫不足怪，因为诗歌和纯文学作品喜欢用古典的远古名字。所以，当遇到一个模糊不清的名字时，就不要追根溯源了。它听起来更高雅些！

马可·波罗认为北京方圆二十四英里，换句话说，每边约六英里长。这大约相当于方圆七十华里。喜仁龙和布莱契奈德等一些西方学者，还有一些中国的记载，都认为这个数字超过实际的测量。喜仁龙说这个城市"不会超过五十华里"。经过非常仔细的考虑，布莱契奈德得出结论："如果我的推测准确，汗八里（元大都）的范围应该是约五十华里（从北部到南部不到十三华里，从东部到西部十一点六四华里）。"《辍耕录》和《北平图经志书》估计元朝的城市是六十华里。根据现代测量的观点和我们所掌握的确切资料，我应该接受布莱契奈德的结论。

元朝时的城市当然要比现在的城市大，现在的城市方圆只有四十二华里。毫无疑问明朝在北端截去元朝城市五华里，不仅在元朝北城墙留出两个门，而且在东西城墙各留出一个门，这两个门靠近北角。这解释了为什么今天东西城墙的这两个门很不对称，比如说西直门比正常位置更靠近西北角。几个中国史料记载这次城市规模的缩减发生在明初，当时徐达正指挥新的明城的建设。

对于元朝城市南端的界限存在着一些分歧。喜仁龙接受布莱契奈德的结论，即明朝把南部城墙向远扩了，当时元朝城市的界限大约在现在前门以内一点五华里处。《日下旧闻考》的编者也承认这个分歧，他概括了元朝城市的地理位置如下（卷三十八，第二页）：

元时都城本广六十里。明初徐达营建北平，乃减其东西迤北之半。故今德胜门外土城关一带，高阜联属，皆元代北城故址也。至城南一面，史传不言有所更改，然考《元一统志》《析津志》皆谓至元城京师，有司定基，正直庆寿寺海云、可庵二师塔敕命远三十步许环而筑之。庆寿寺今为双塔寺。二塔屹然尚存，在西长安街之北，距宣武门几及二里。由是核之，则今都城南面亦与元时旧基不甚相合。盖明初既缩其北面，故又稍廓其南面耳。

布莱契奈德在下结论时显得犹疑不决。他提到了双塔寺这个例子，相信元朝的南墙很自然地沿着那条线，可是从另外一方面来看，被其他材料证实的宫殿与南面的中门（丽正门）之间的距离确定了南墙恰恰就在今天前门的位置。最后，他对《春明梦余录》中的一条注释印象很深。这是一本有关各种寺庙和宫殿的著作，上面提到观象台就在这座城市的东北角，距现在的南墙约一点五华里。这本书认为在现在的南墙以北有一条线。布莱契奈德说他在画地图时不得不做出决定；而那就证明了他还不能做出明确的决定。

Ⅲ 金朝

十二世纪，当南宋向金国进贡时，有许多文献记载了南宋使者赴金国首都的旅程。《日下旧闻考》（第三十七卷第二十五页）

列举了六种对这些使命的记载。南宋派出的使者中许亢宗、范成大和周煇是最重要的。另外，他们还列举了二十次基本上湮没或只见于引文和参考资料中的出使金的记载（如和谈、祝寿等等），还有十次使命归为与金统治者和谈一类，但是这些显然不完整，还有十一次只记载了名称。范成大（公元一一二六至一一九三）是一位伟大的旅行家，他留下了在中国北部、南部和西部的游记。其中的五或六项记载（通常是相当薄的几卷本，相当于一至三章的篇幅），今天还很有价值。

人们通常认为辽金时期北京的北墙延伸到今天北京的南墙附近一线，白云观以北一点儿，那里有古老的辽的城墙。在南面金的首都延伸到南郊丰台附近，那里有另外一段更长的古城墙，二英里多长，今天依然能见到这段城墙。布莱契奈德和《日下旧闻考》一致认为金的紫禁城位于外城西南角的外侧。所有的作者，包括伐维尔和喜仁龙都承认金代的城市的南墙至少在外城现在的南墙以外二点五华里处。瞿宣颖是这样陈述他的观点的：一般来讲，金代的城市包括钓鱼台（白云观以西），它是金在西北的同乐园；现在的西苑（三海区域），是金在东北的万圣宫；以及西南的现代的丰台。金代城市南部的中门称为丰宜门，丰台的名字就是从那儿来的。城市的东南角到达今天的南垣。这使得金的首都看起来很不协调，西北角比东北角短了许多。

中国的记载表明金的首都是呈方形的。三种记载都表明它有十二个门，每边三个，给它们命名并给它们指示出所面对的方向。金官方的历史记载有十三个门，多加了一个光泰门。可是,《析津志》(北京的古代地方志)描述了——五一年建筑新城和十二个城门以后,论述道:"改门曰清怡,曰光泰。"(《日下旧闻考》,第三十七卷,第十四页)这似乎是指古老的辽城门,它已经发生了变动并重新命名了。也很可能在靠近现在前门一侧北部又开设了一个新的城门,这便于向北直接通向三海地区的宫廷。

《日下旧闻考》援引了许亢宗关于十二世纪初出使金的记载,上面说:

燕山府城周围二十七里,楼台高四十尺,楼计九百一十座,池堑三重,城开八门。

编者评论道:

据此条,燕京旧城周二十七里,至金天德三年展筑三里,见《析津志》所引金蔡珪《大觉寺记》。合计之,共周三十里。此皆指都城言之。至《大金国志》所称周七十五里者,则指外郭而言,犹今外城之制也。(第三十七卷,第十六页)

证据已经很确凿,在海陵王扩建这座城市以前,古代金的城市首先是十字形分开的,每一面都有一个独立的堡垒。朱彝尊的《日下旧闻》援引《金国南迁录》说:

初,忠献王尼堪有志都燕,因辽人宫阙,于内城外筑四城,每城各三里，前后各一门，楼橹池堑一如边城。每城之内立仓廩甲仗库，各穿复道，与内城通。时陈王兀室，将军韩常、娄宿皆笑其过计。忠献曰："百年间当以吾言为信。"及海陵炀王定都，既营宫室，欲撤其城。翟天祺曰："忠献开国元勋，措置必有说。"乃止。

布莱契奈德对外城西南角以外约八华里处的旧城墙做了一次实地观测。他说（这里我只能由法语翻译过来。二十四至二十五页，因为我没有上海出版的一八七六年的英译本）：

在彰义门（广宁门）西南约八华里处，人们发现了这座古老城市的旧壁垒。该壁垒距右安门大约也是同样远。右安门是这座中国城市南墙的西门。再往南约二华里，人们会见到一条小河自西向东流过，穿过沼泽地带和一些池塘。我顺着河逆流而上。走几华里，在河的北岸，我看到一段古老的壁垒，二十至三十英尺高，与河流方向平行。我能够沿着这段壁垒走七华里还要多，总的来说这段壁垒保存完好。在一个叫作鹅房营的小村庄，这段壁垒折而向北。很显然这里就是这座古老城市的西南角。还未到石头路面，这段墙就消失了。这个城角很别致，就在这个地方城墙上覆盖着优美的白松和高大的柏树。向西一百步有一座叫黑公坟的公墓，周围有一圈白松翠柏环绕的墙。西南约二华里有一个刘村，这个村属于丰台县。这最后的名称，始于金代，现在是一组以花朵闻名的村庄的通称。根据人所共知的传统，我们所谈论的这段壁垒永远都是金都城的一部分；这一传统并不与中国作者提供的有关中都的文献相违背。白云观北几百步也有一段古老城墙的痕迹。那也许就是金代城市的北墙所在地。

阿尔封斯·伐维尔神父画的地图引起了一些错误的观念。他指出金都城恰恰扩建到现在内城的南部，和现在的外城一样大小。这个错误需要我们斟酌。

金的城市是在辽的城市基础之上建成的，这是所有学者熟知的。有足够的证据说明辽、金和更早的唐代城市坐落在内城的西南。它大部分都坐落在现在的外城的外侧，一部分也覆盖了外城的西半部分。扩建的金的城市的外部轮廓并不很清晰，尤其是当它不很规则时。它也许曾经伸入东北的三海区域，即达于紫禁城中部。可是没有历史参考资料和物证表明金的城市仅只向东延伸到现在的外城。

都城的土地庙是最重要的证据，它使我们确定金都城北门的位置。《北平图经志书》记载了这个寺庙位于古代金的城市的通玄门街西侧。因而我们能比较明确地指出北门（金都城的通玄门）的位置。土地庙现在位于土地庙胡同，在宣武门西南。

有一段石刻铭文很好地指示出了城市的东南边界。唐代的悯忠寺，现在称作法源寺，是唐太宗于公元六四五年敕建的，为了纪念对高句丽战争的死难烈士。这个寺庙里有一段古老的铭文，是为纪念佛教圣物（舍利）的重新安置而刻写的，时间是公元八九二年，上面写道："大燕城内地东南隅有悯忠寺，门临康衢。"这个寺庙现在就在外城内，大约在它的北墙和南墙的中间，在琉璃厂地区以南很远处，宣武门南面一线以西不远。

这座古老城市的东边界限可由两条证据推断出来：（a）现在的琉璃厂，以卖旧书和古玩（真的和伪造的）而出名，十八世纪发现的墓刻中曾对此加以描述（"现在"是指《日下旧闻考》编者的时代而言），上面写到这个陵墓就在"燕京东门外海王庄"里。琉璃厂就在前门的西南，内城中门的外侧。（b）在黑窑场，有一个纪念慧智和尚的石碑，建于辽寿昌（辽道宗年号，其实就是寿狼，狼是一种禁忌之物）统治时期（公元一〇九五至一一〇一），碑文描述这个地方是在"东城之外"。这就是说在先农坛的西部。这两个记载非常确定地划出了唐和辽时的城市东部边界。

从上面提到的土地庙继续向西，有两座金代和辽代非常著名的寺庙。首先就是天宁寺（即金代的天王寺），它就在外城西门外以北不远处。《元一统志》描述它位于金都城内部，在燕京城管辖之内，它是一个治安辖区。再往远，这个寺庙的西北侧是白云观。丘处机曾住在那儿，他是著名的道教教士，曾见过成吉思汗。它就在现代的赛马场附近，几乎就在西便门以西一线上。白云观西南是广佛寺，就是金代的奉佛寺。有关曹谦的石刻，可追溯到泰和（金章宗年号）统治时期（公元一二〇一至一二〇八年）。上面写道，它在"城内"。我们现在已经逐渐接近一段壁垒的残迹，当地人把它叫作辽代萧太后古城。

《日下旧闻考》的编者得出如下结论：

由是观之，则辽金故都当在今外城迤西，以至郊外之地。其东北隅约当与今都城西南隅相接。又考元王恽《中堂事记》载，中统元年赴开平，三月五日发燕京，宿通玄北郭。六日午憩海店，距京城廿里。海店即今海淀。据恽所言，以道里核计，则金时外郭七十五里之方位不难约略而知矣。①

又《北京志》，至元四年始定鼎于中都之东北三里。夫中都本唐旧城，辽金展拓不过数里，见金蔡珪《大觉寺记》。当时悯忠寺之在城东南如故也。（《日下旧闻考》卷三十八，第四页）

《日下旧闻》的作者朱彝尊评论道：隋唐时期的宏业寺（今天宁寺）在都城的里面。唐代幽州的悯忠寺在这个城市的东部。辽代燕京还在同一个地点。然后他又援引了一条新的证据，分割中海和北海的长长的金鳌玉蝀桥以西，内城里面的现在的西安门曾经是在"古幽州东北五里处"。他说：

康熙辛酉西安门内有中官治宅掘地，误发古墓。中有瓦炉一，瓦罂一；墓石二方，广各一尺二寸。一刻卞氏墓志四字，环列十二辰相，皆兽首人身。一刻志铭而书作志，志题曰：大唐故濮阳卞氏墓志。志文曰：贞元十五年②，岁次己卯，七月癸卯朔，夫人寝疾，卒于幽州蓟县蓟北坊，以其年权窆于幽州幽都东北五里礼贤乡之平原。

瞿宣颖，《北京建置谈荟》的作者，援引《天咫偶闻》说："八里庄以西二华里是十里河，又称作'萧太后运河'。河的东岸

---

① 编者注：此为《日下旧闻考》卷三十七。
② 或曰十年。

是清晰可辨的泥土壁垒，当地称为'萧太后城'。"这里说的是辽代的萧太后。他从辽史中又引了一条证据，述说的是东北角的燕角楼（"Yen Corner Tower"）。现在广宁门（外城西门）里还有一个胡同叫燕角（Yen Corner）胡同。

布莱契奈德首先考察了所有的证据，得出结论如下："前面由中国作者提供的文献以及根据古代纪念物取得的证据确定了自十七世纪以来古代北京的位置：人们可以认为，唐代的城市，辽、金的都城大体上都在相同的地方；也就是说，位于现在的鞑靼城西南一点儿，它的东部城墙在汉人城市的西部分。"应当注意到布莱契奈德对于金的都城的位置接受了传统观点。

我已经在某种程度上修改了现在英语书中有关金代都城位置的流行错误概念，即认为金的都城在内城的正南方，也就是今天的外城所在地。这个错误来源于伐维尔的《北京的历史描述》。伐维尔提供了第一张金代都城的地图，把这个都城说成是一个邻近古老的辽都、在其东方建筑而成的一座新城市，和辽的都城规模基本相同；新都城东侧与现在外城东墙基本一致，西侧只是比现在的西墙稍短。用英语写的关于北京的两部权威著作，朱丽叶·布莱顿的《北京》（一九二四），以及L. C. 阿灵顿与威廉·路易森合著的《老北京探故》（一九三五），M·法博利用法语写的指南书《北京》（一九三七），所有这些著作都出示了阐释详尽的地图，指出了不同时期这座城市的相对位置：古代的蓟城，唐、辽、金和元时的城市，和今天的城市。最无根据的假设是一张关于金代紫禁城的绘图，它把紫禁城画在了现在天坛所在地。奥斯伍尔德·喜仁龙致力于在他的权威性的《北京的城墙与城门》一书中绘制出单独的地图，他说这些地图都采自《麦德洛指南》和《北京教堂手册》（一九一四）；这样一来这些材料还是源自伐维尔。

一般来讲，伐维尔采用通俗的名称，蒙古人统治时期，称旧城为"南城"，意思是它恰恰就在南面，而且他能够引证出曾使用过这个名称的资料。他也试图解释金都城的周长，把辽都城也包括在内，把它们看作是两个城市形成的一个矩形，南北长是东西长的两倍。从这个前提出发，他指出金从来没有毁坏过古老的辽城，而是对它加以扩建，这确是事实。然而当他说，"我们从历史文献可以看出，他们在它的东侧建立了一个新的城市（笔者画线），连同原来的城市构成了金的新都城，叫作中都"，这一说法就不正确了。历史文献从来也没记载过金在东侧建立一个新城市，而是明确指出在各个方面建立了四个城堡，每个城堡方圆三华里，有地道与主城连接。

伐维尔指出金建有夏季行宫，也就是现在的三海所在地，这是十分正确的。他说，《北平图经志书》声称元都城建在金都城以北三华里处。"如果说金的都城的位置与辽都城的位置相同，那么这种说法便不很准确。"我必须指出许多材料都多次地绘出了新旧城西南—东北的相对位置，这是我们不应忽视的。尽管有一种记载说的是"北部"而不是"东北部"，而且过去经常使用"南城"这个称呼，但这只表明在这些方面谁也不会在平时的谈话中自找麻烦去寻求地理上的精确性。这不应该作为可以引用的证据。伐维尔进而陈述道："马可·波罗说'汗八里'靠近金的旧城，只有一条河把它们分隔开。这两座城市至少在沿河两岸部分长度大约相等。"这完全是无根据的。这两座城市可能在西南—东北的相对位置相连接，并且仍然只被一条河分隔开。伐维尔承认提供证据的这些旧寺庙都在西南角，可是"人们应该理解新城市不可能有纪念物"。这似乎是站不住脚的借口，因为金的都城保留了一百年。他说金在新城内部建立了皇家寝宫，这是对的，但是寝宫的位置完全取决于你怎样解释新城的位置。伐维尔认为新城方圆三十华里，连同三十六华里的辽城，总共是六十六华里。这接近历史记载七十五华里的周长。

所有这些证据都不利于伐维尔。尽管这座城市的东郊，即现在的外城，在金和马可·波罗时代无疑人口都很稠密，但仍然没有一件有力的证据令人对他的结论表示信服。

北京历史大事年表

朝代	独立王朝	建置	名称	史事
虞 公元前 2255—前2206			幽州	四个强大家族被放逐于南口之外。
周 公元前 1046—前256		燕侯国	蓟， 为燕都	公元前十二世纪黄帝之后定居于此。公元前723—前222年，燕国。约公元前300年强大的燕王建长城之一段。
秦 公元前 221—前206		郡	上谷	约公元前214—前210年筑毕长城。
汉 公元前206— 公元220		燕侯国	燕， 后为幽州	多次短暂的叛乱。公元227年归魏。
魏 公元 220—265		燕侯国	幽州	统治中国东北部的独立王国。
西晋 公元 265—317		范阳侯国等	幽州	自公元307年始，北方为胡人所辖，政权多变。
南北朝 公元 420—589				

续表

隋 公元 581—618		郡	涿郡	公元608年，大运河通航北京。
唐 公元 618—907		都督府	幽州、范阳等	公元755年，安禄山短暂叛乱，称"燕王"。约公元760—910年，二十八任半独立的节度使统治。
五代 公元 907—960				
北宋 公元 960—1127	辽 公元 907—1125 （契丹人）	辽都	南京；燕京（1012年后）	北京自公元937年始被辽作为"南方京城"。
南宋 公元 1127—1279	金 公元 1115—1234 （女真人）	金都	中都（1153年）	公元1113—1115年，金从辽治下攻取北京，将之归宋。 公元1115年，金拔北京。 公元1151年，北京扩建。

续表

元 公元 1206—1368	首都	大都； 汗八里	公元 1215 年，成吉思汗军拔北京。 公元 1260 年，忽必烈登基。 公元 1264—1267 年，在新址建北京。 公元 1275 年，马可·波罗初见忽必烈汗。 公元 1276 年，蒙古军攻克南宋都城杭州。
明 公元 1368—1644	首都	北平； 1403 年后 称北京	公元 1368 年，北京被改造扩建。 公元 1417—1420 年，永乐皇帝敕令扩展重建北京。 公元 1436 年，再次改建。 公元 1553—1564 年，增建北京外城墙。
清 公元 1616—1911	首都	北京	城市格局未改，但康熙与乾隆对其做了修饰。

参考文献

　　下列是一批精心挑选的有关北京及其历史、艺术和风俗的参考文献。它旨在引导读者具体了解更重要的资料和研究成果的出处，而并非是包罗万象的。有关中文的著作，这里只提到了主要的来源。不管怎样，严谨的读者（学生?）将会发现对《日下旧闻考》(*Jyshia kao*) 的引用有一千多处。作为一本所有研究北京的资料之大全，《日下旧闻考》一直讲到了一七四四年，内容遍及自北京始建以来的每块砖瓦、每首诗及每一份文件材料，其中包括现已散失的著作。

　　对于忽必烈所建的这座城市，马可·波罗给予了广泛而且生动的描绘，见于他的《马可·波罗行纪》(*Book of Ser Marco Polo*)，由亨利·耶尔（Herry Yule）主编，二卷本，一九○三年斯库纳（Scribner）出版社出版。耶尔（Yule）和哈瑞·考迪尔（Henri Cordier）对该书进行了有价值的研究工作，考证了地名，编写了注解。

　　一部关于北京的不朽之作《北京的历史描述》(*Péking, Histoire et Description*) 给人留下了深刻的印象。它由阿尔封斯·伐维尔（Alphonse Favier，一八三七至一九○五）所作，由拉泽利斯特在北堂（Pétang）（北京）于一八九七年出版；一九○○年里尔（Lille）也出版了此书。书中包括了五百二十四幅中国古代艺术家的雕刻作品的图片。实际上由阿尔封斯、哈伯里希、拉泽利斯特（Alphonse, Hubrecht, Lazaristes）所作的《北京王权的威严》（*Grandeur et Suprématie de Péking*）一书，只是伐维尔著作的再版。

由哈辛斯·比却林神父（Father Hyacinth Bitchurin，本名尼基塔·雅科夫列维奇，公元一七七七至一八五三）的著作，是中文的《宸垣识略》（一七八八）一书的俄文译作（一八二九）。这本中文原著后来成为了解《日下旧闻考》最便利的参考材料。由费利·德·比尼（Ferry de Pigny）译成法语之后，这本书就成了用西方各种语言研究北京历史的唯一的资料来源，这种状况一直持续到布莱契奈德（Bretschneider）的出现。

在所有研究北京的人当中，布莱契奈德（Emil Vasilievitch Bretschneider，公元一八三三至一九〇一）是对源自中文的资料相当精通的一位。他是俄国驻北京公使馆的一位医生，同时也是一位植物学家。他所著的《北京历史建筑的考古研究》（*Recherches Archéologiques et historiques sur Péking*）于一八七六年首次在上海由美国长老会传教会出版发行；并于一八七九年由 V·考林·德·普兰西（V. Collin de Plancy）译成法语，在巴黎的《东方语言文化的生动展示丛书》（*Publications de L' École des Langues Orientales Vivantes*）中刊行。

朱丽叶·布莱顿（Juliet Bredon）于一九三一年所著《北京》（*Peking*）的第三次重印版，当之无愧地被认为是关于北京的最全面的著作。她是罗伯特·哈特爵士（Sir Robert Hart）的侄女，她以自己对北京的庙宇、幽处、西山名胜的漫游和熟知为基础，用优美的、引人入胜的风格写下了此书。

作为真实、详尽并且经过精心整理的资料，L. C. 阿灵顿（L. C. Arlington）和威廉·路易森（William Lewisohn）所著的，一九三五年在北京由亨利·威西（Henri Vetch）出版的《老北京探故》（In Search of Old Peking），则是无可比拟的。它包含了许多有关北京的平面图和重印的古老版画。

有关北京重大历史事件的著作，下列由 J. O. P. 布兰德（J. O. P. Bland）和 E. 柏克豪斯（E. Backhouse）所著的书非常值得向读者推荐：《女皇治下的中国》（China under the Empress Dowager），一九一〇年海因曼（Heinemann）出版（集中论述一九〇〇年的义和团运动），读起来就像一本侦探小说，而《北京宫廷纪事与闻见录》（Annals and Memoirs of the Court of Peking），一九一四年哈夫顿·米夫林（Honghton Mifflin）出版，则包括了从十六世纪到二十世纪的历史，它是以中文资料为来源的。《中国宫廷生活》（Court Life in China）是伊沙克·泰勒·海德兰（Isaac Taylor Headland）所著，一九〇九年弗莱明·H. 拉维尔（Fleming H. Revell）出版，它讲述了关于慈禧太后和光绪皇帝的生动故事，内容涉及清王朝最后几十年这一最主要的历史时期。普特南·维尔（Putnam Weale）所著的《来自北京的唐突信简》（Indiscreet Letters From Peking）则是对一九〇〇年八国联军劫掠北京的个人所见的叙述。阿契巴德·利特尔（Archibald Little）夫人所著的《在我的北京花园周围》（Round about My Peking Garden），一九〇五年由费舍·安文（Fisher Unwin）出版，内容也是有关这个时期。

用图片再现北京，最完整而且是最具权威性的两部由奥斯伍尔德·喜仁龙（Osvald Sirén）所著的书是《北京的城墙与城门》（*The Walls and Gates of Peking*），一九一四年由约翰·雷恩（John Lane）出版，其中有一百零九幅印刷的照片和五十幅绘画；另一部《北京的皇宫》（*The Imperial Palaces of Peking*）共三卷，一九二六年出版。赫伯特·怀特（Herbert White）所著的《美丽的北京》（*Peking the Beautiful*）由上海商务印书馆一九二七年出版，包含了大量的旅游照片。珍贵且有特别的历史意义的是一本由日本木刻画构成的书：《唐土名胜图绘》（*Tangtu Mingsheng Tukwei*），一八〇四至一八〇五年版，书中展示的是十九世纪初北京的宫廷生活与建筑的生动照片，本书即从这部日本著作中取用了一些线条画作品。具有特殊价值的是《万寿圣殿》（*Wanshou Shengtien*），一幅一百六十六英尺长的卷轴，上面画的是一七一三年庆祝康熙皇帝六十大寿之时的全城景观，当时清朝正处于它的鼎盛时期。该作品几次被雕成木刻，其中包括一八七九年的点饰彩（Tienshihtsai）平版印刷版，附有一个很奇特的英文备注："这本书出自圆明园的藏书阁（The Book Temple），它是在一八六〇年该园被焚之时被弄出来的。一八六〇年十月。"该卷书的底衬页正是选自那幅卷轴的一个部分。

下面简要介绍一下中文的一些主要书目。一个重要参考书是《日下旧闻》。作者朱彝尊（公元一六二九至一七〇九），是康熙皇帝的朋友，一位著名学者。这是中国历史和中国文学中有关北京的资料汇编。这本书曾经被认为颇具价值，以至于乾隆皇帝曾在一七四四年下令组织编辑机构扩编此书为一百六十卷的《日下旧闻考》。其中最重要的部分是北京概述（三十七至三十八卷），重大历史事件钩沉（二十九至三十六卷），街道及庙宇（四十三至六十一卷），园林与郊区（七十四至八十七卷）。

一个真实的资料来源是《顺天府志》（北京地区的历史），一五九三年初版，一八八六年修改再版，它是奥斯伍尔德·喜仁龙研究的资料来源。

吴长元一七八八年写的《宸垣识略》用十六章的篇幅压缩了多卷体的《日下旧闻》，它包括了一些珍贵的古地图。孙承泽（公元一五九二至一六七六）写的《春明梦余录》提供了有关庙宇、建筑、宫廷习俗的资料，采取的是回忆录的形式。由两位知名学者刘侗和于奕正一六三五年写的《帝京景物略》虽有史料价值，但深为丛谈派浮泛模糊之风所累，故在乾隆皇帝的命令下，由皇家著名编纂者纪晓岚减裁了部分内容。另有京师通俗图书馆出版了一些当代或更近时期的著作，如《北京风土丛书》，其中包括一本记录北京街头小商贩叫卖声的小册子。

有两本很好的有关北京的节日习俗的书值得一提。《阴历年》（*The Moon Year*）是由朱丽叶·布莱顿和伊格·米托伐诺夫（Igor Mitrophanow）撰写，一九二七年在上海由凯利和瓦尔施（Kelly and Walsh）出版的。另一本是《北京日常与年节风俗》（*Annual Customs and Festivals in Peking*）由德克·波迪（Derk Bodde）写成，一九三六年在北京由亨利·威西（Henri Vetch）出版，这是从张江裁所著的中文著作《北京岁时志》翻译过来的书。由R.

W. 斯威罗（R. W. Swallow）于一九二七年所著的《北京生活一瞥》（*Sidelights on Peking Life*）是一本有趣的小册子，内容更通俗易懂。